會走路的錢

(上)

MONEY WALKS

(PART I)

Money Walks

會走路的錢

A true story of an average income family that has made
ten million dollars in ten years through investments...

普通家庭十年一千萬美元理財實錄

Bayfamily

貝版

三藩市，加利福尼亞州，美國

San Francisco, California，USA

2020

Money walks: A true story of an average income family that has made ten million dollars in ten years through investments…

First Printing: Jan 2020

ISBN 978-1-79486-219-7

Total number of Chinese characters：140,806 (Part I)

Proofread and Editing: Hong Hong, Amy Bai, HenryMa

Publisher is identified as the owner of the email address bayfamily2020@gmail.com

San Francisco, California, USA

The author and the owner of this book can be reach at <u>bayfamily2020@gmail.com</u>

Author's blog is <u>https://blog.wenxuecity.com/myoverview/23244/</u>

Author's WeChat ID is: key-east

獻給我的家人

To my family

目錄

前言 1

第一章 節儉是一種美德 11

第二章 存 1/3 的收入 25

第三章 從 0 到 1 萬美元 39

第四章 從 1 到 10 萬美元 71

第五章 從 10 到 100 萬美元 91

第六章 會走路的錢 129

第七章 懶人理財法 155

第八章 勤快人理財法 169

The author, Bayfamily, was the forum moderator of Investment BBS on Wenxuecity.com, a popular Chinese American social website. Since 2005, he has published a series of blogs on investment and personal finance, and he has attracted millions of page viewers. In 2006, he posted a blog on this investment forum about his goal to make ten million dollars in ten years by investing. He named his plan "Ten Million in Ten Years Investment Plan for an Average Income Family." Since then, he has published his investment activities and financial records every year for 11 years, and eventually he achieved his goal and made ten million in 2018; a total of eleven and a half years, which is a bit longer than the planned 10 years. This book is a memoir and a record of his efforts to fulfill his ten-million-dollar goal. The book includes details of all of his investment activities, how he prepared himself, how he accumulated capital, how he found investment opportunities, and most importantly, the failures and hard lessons learned throughout the process.

Bayfamily came to the US in 1997 with only 200 dollars in his pocket as a PhD student in engineering. With his student stipend and interning income, he saved up ten thousand dollars in two years. Afterwards, he moved to the San Francisco Bay Area where he and his family only earned the average income. However, they made their first one hundred thousand in two years, and one million dollars in six years, all though saving and investments. This book is organized in four sections to describe this investment history: from zero to ten thousand dollars, ten thousand to a hundred thousand dollars, a hundred thousand to a million dollars, and finally, from a million to ten million dollars. The wealth accumulated in each section is one level of magnate higher than before.

After the 2008 financial crisis, Bayfamily graduated from a top MBA in the US and worked in a famous investment bank. During the last ten years, most of his wealth has accumulated through three investment activities: investment in the real estate market in China, bought Bay Area real estate at the market downturn in 2010, and holding Bitcoin since 2016.

Under his "Money Walks" theory, a good investor should understand their own personality first before investing, whether they are a "lazy man" or a "diligent man". In an efficient competitive market, investors should use the "lazy man" investment strategy; in an inefficient competitive market, they should use the "diligent man" investment strategy. In terms of saving, Bayfamily believes diligent work and a simple life are virtues. An extravagant and exorbitant lifestyle is wasteful. People can always save one third of their money, no matter what income level. This is simply because those who earn one third less than you are still living with a similar quality of life.

On his first day in the US, he was taught five simple rules on personal finance, which was passed down by generations of new Chinese Americans immigrants. The rules of saving money are: keep a good credit score, avoid loans and excessive consumption, avoid legal disputes, fix and repair stuff yourself, and stay fit and healthy. This book "Money Walks" uses the author's own life experiences as an example to describe all these rules and principles.

摘要

錢是會走路的，即使你把錢壓在箱子裡，抱在被窩裡，換成金銀股票放在保險櫃裡，都擋不住錢會像長腳一樣走來走去。投資理財，就是要專找那些別人看不見，正在走路的錢。

BAYFAMILY(貝版）曾是北美文學城投資理財論壇的版主，從 2006 年開始陸陸續續發表投資理財的博客文章，累計閱讀人數超過數百萬。貝版 2006 年因為提出"普通家庭十年一千萬美元理財計畫"而引發熱議，該計畫於 2018 年最終實現。本書用紀實的方式記錄了貝版實現該投資計畫的每一步細節，涵蓋他對市場趨勢的判斷，積累資本的方式，和每一筆投資交易的細節與心態歷程，當然也包括眾多失敗的經驗教訓。全文按照 0-1 萬，1 萬-10 萬，10 萬-100 萬，100 萬-1000 萬美元四個數量級的增長歷程，把他投資的經歷原汁原味地呈現給讀者。

貝版記錄了美國老中代代傳下來的五條理財真經：提高信用分數、避免超前消費、開二手車、親自維修、不打官司多運動。這本書現身說法證明你總是可以存三分之一的收入的，因為那些比你少掙三分之一的人的生活品質不比你差很多。這世上，沒有人可能比你自己對自己的錢更加上心，不要指望任何人能夠管好你的錢。

2007-2018 年投資理財貝版做了三件事：投資中國房地產，次貸危機灣區抄底，持有比特幣。貝版投資的核心理念就是"會走路的錢"。在充分效率的市場，用懶人投資法；在非充分效率的市場，用勤快人投資法。投資要跟著屌絲年輕人走，你只需要比新錢搶先一步，永遠不要和舊錢拼體力。

本書為全文的上冊。記錄了從 0 到第一個 100 萬美元的成長歷史，以及投資心得。

前言

　　每一代人都有記錄每一代人故事的義務。我這本書也是分享我這一代人的故事，或者更嚴格地說，是我和錢的故事。

　　錢其實跟我們的生活息息相關，我們生活中很大一部分時間都在想和做與錢有關的事情。不但是我們個體在想錢的事情，各種組織機構也都在想錢的事情。可我們又非常羞于談錢，我們不願意告訴他人我們有多少錢，我們也不願意告訴他人我們是怎麼掙錢的。大多數關於錢的資訊都是封閉的孤島。雖然我們往往在暗地裡互相攀比，猜測他人的掙錢手段。但是我們不願意講，我們是怎樣投資理財，也不願意講我們是怎麼消費的，更不會講我們在錢上犯過的一些愚蠢的錯誤。

　　錢對於我們那麼重要，但是我們關於錢的知識又是那麼的缺乏。大部分人都沒有系統地學習過經濟學。孩子們在長大成人離開家門之前，父母往往也沒有好好教育他們應該如何管理花費，如何投資？

　　在我這代人的教育過程中，甚至很多人被灌輸了大量的常識性錯誤，比如政治經濟學。這些錯誤概念讓我們對社會經濟現象失去正確判斷。股票投資散戶們絕大部分都看不懂公司的財務報表。

　　所以我想突破一下這個禁忌，用錢作為主題講一下我們這代人的故事。講一講我和我家庭的經歷、以及我投資理財的過程和心得體會。

　　市面上大部分關於財富的故事，都是特別有錢的人的故事。要麼是華爾街精英，要麼是矽谷新貴。這些故事看著熱鬧，可是和我們普通人沒有多大關係。我的故事是關於一個普通人，一個在美國的普通中產階級家庭的故事。我的生活和你的生活很接近，我的故事是看得見摸得著的。我在這本書裡詳細說明了一個普通得不能再普通的中產階級，如何合理規劃支出和消費，如何進行有效的財務管理，如何進行投資實現財富增長的故事。

寫這本書的時候我已年近半百，從人生的中點漸漸走下山脈。所以我的故事只是前半生的故事，差不多是從 20 歲到 50 歲之間的故事。後面的故事還是現在進行時。如果後半輩子實現了我的計畫，那我 80 歲時接著給大家講成功和失敗的經驗教訓。

這本書的主要內容是敘述一個 20 世紀 90 年代後期赴美的中國留學生，一窮二白，從口袋裡只有 200 美元，一步步邁入美國中產階級家庭社會，通過投資理財最後實現擁有 1000 萬美元財富的故事。

在這本書裡，我會把自己財富的增長，按照每 10 倍做個節點，寫一個清晰的記錄。投資的具體金額和內容一一列舉。讓你身臨其境、盡可能詳細地看到整個過程的每一個細節。

寫這本書的時候，我儘量避免一些花裡胡哨的概念。投資不複雜，其實就是堅持一些基本原則和計畫，並持之以恆。我除了每年記帳本，還會每年做總結，把寫下的心得體會公開發表在投資理財博客上。我把這些心得體會一字不動地附在這本書裡面，甚至病句都不改，算是最原始的史料。博客文章有些判斷，特別是一廂情願的設想，現在看來也許是荒謬和錯誤的。但我還是尊重事實。即使自相矛盾，我也真實地把它們粘貼上去。

沒有人是神仙，能夠做到神機妙算，我也不是。我們能做的就是控制風險的同時，獲得最大的收益。我把我的故事講給你聽，包括我曾經正確的和錯誤的觀點。也許我的觀點對，也許不對。重要的是史料真實。投資的對否需要大家自行判斷。我從來不敢標榜自己是百分之百正確的。事實上我也不是。如果有什麼比普通人稍稍好一點的話，也許就是我試圖把握住大的政治和經濟趨勢。而這一點已經足夠給我帶來充分的財富。

另外一個讓我寫這本書的動力是我想把我們這個時代的故事記錄下來給後人看。人生是否快樂，除了智商、情商之外就是財商。也許這本書可以幫助我們華人的下一代，提高他們的財商。因為我自己覺得我的財商提高，也有來自他人的貢獻。包括直接或者間接地受到了我母親和父親的影響，特別是剛到美國的時候，一下飛機就牢牢記住了同學"老宣"給我念叨的美國華人理財真經。

和我同時代來到美國的中國人，嚴格意義上說，大部分都是經濟移民。我們來到美利堅這個土地上，是為了更好的生活，通俗的話就是為了掙更多的錢。這並沒有什麼可恥和不能承認的。也許後來在美國的生活改變了我們的這個初衷。但 90 年代出國的大部分人，只是想改善自己的生活。

我把我和錢的故事記錄下來，會讓我們有機會回憶一下這些遙遠的初衷，讓這些感受變得更加真切。把我們這代人的故事記錄下來，給後人看，看我們是怎樣在這片美利堅土地上，努力耕耘創造財富的。

這本書大概分這麼幾個部分，按照財富增長每十倍作為一個分割。在 0-1 萬美元這段裡，第一章首先介紹的是我家庭的背景和小時候成長的環境。我仔細想了一下，有的人擅長理財，有的人不擅長理財，其實很大一部分原因取決於他們青少年時代的生長環境。我介紹一下我的家庭背景和我小時候的經歷，也許可以幫助大家理解怎樣教育孩子，提高他們的財商。

然後第二章是講我出國前後，90 年代的故事。在大學的時候，我是怎樣管理和使用錢的。還有我出國前後那個階段，錢都從哪裡來的。這些經歷很多 90 年代出國的人會有共同的體會。錢能解決的問題都不是問題。但是的確錢可以解決 99%的問題。因為那個時候生活很窮，出國是很不容易的一件事情。無論是考 GRE，準備託福，還是申請美國大學哪一樣不需要錢呢？90 年代你可以看到很多中國人一下了飛機，就直奔中餐館打工掙錢。因為他們到美國的時候已經是負債累累。

我在來到美國兩年左右實現了從零到第一個 1 萬美元的轉變。所以第三章是我在美國讀書時候的財務情況。讀書的時候，收入還是非常有限的。只有獎學金，且非常不穩定，有今天沒有明天的。這個學期有經費，下個學期也許就沒有了。我是怎樣安全地渡過了 2000 年互聯網泡沫，並順利找到工作的。我畢業的時候沒有貸款，還稍有積蓄。

會走路的錢

1 萬到 10 萬美元是在工作兩年後實現的。第四章描述的是我工作一開始的時候我是怎樣安排自己的開支，怎樣積累儲蓄，和在美國的一線城市買到自己第一個住房的。

從 10 萬到 100 萬美元是在工作後第六年完成的。第五章介紹的是這段故事，我是怎樣實現了通俗意義上的美國夢。我完全不會講我工作方面的事情，因為那些事情雖然佔據了我大量的時間，可並不是這本書的主題。主題還是圍繞著錢和財富管理。

美國夢其實很簡單，就是有自己的住房，有穩定的工作。進入中產階級，有兩個孩子，夫妻和睦，前院有草地，後院有狼狗，銀行有存款，公司有股票，平時有班上，假期有假度。美國夢實現以後，投資理財就變得複雜了起來。不再是簡單的存錢，需要考慮各種投資。在矽谷還要考慮去什麼樣的公司工作才可能有股票期權？有了股票期權需要考慮何時賣出最佳等等這些問題。一環套一環，日子越來越複雜。

當你實現這些基本的生活需求之後，如何進行投資理財，首先需要解決的就是，為什麼要投資理財？想清楚為什麼這樣做，才會制定目標，有了目標才會有計劃，有了計畫，才會想到如何提升自己的執行力？

第六、七、八三章是我投資最重要的原則。概括起來就是"會走路的錢"。錢是會移動的，你要做的事情就是在移動中把錢拿到自己籃子裡。這個拿錢的過程有兩種可行的方法，一種是懶人投資法，一種是勤快人投資法。你需要因地制宜，根據自己的特點，制定相應的策略。

第九、十、十一章，我把自己從投資理財目標的制定、思路的形成、躊躇猶豫、痛苦與掙扎，都原汁原味地呈現給讀者。

我給自己定的目標是用 10 年的時間，積累 1000 萬美元的財富。這個目標當時聽起來有些瘋狂。為了督促自己，更好地實現這個目標，我乾脆把這個目標發在文學城的投資理財論壇上。那個時候投資理財的論壇剛剛成立，我有幸成為版主。我一直相信一句話，就是如果一個人想做成一件事情，上帝都會跑來幫你。為了確信上帝會來幫我，我乾脆把我的計畫公佈於眾，這樣給我形成一定的壓力，督促自己。

　　目標公佈之後，我大概知道自己應該做什麼，但並不是十分確切。回顧這十幾年我總共做了三件事情，也基本上把這十幾年最好的三次投資機會，全部抓住了。一是投資了中國的房地產；二是 2008 年次貸危機之後，抄底灣區的房地產；三是 2016 年左右投資了比特幣。除此之外，我自己的 401K 股票投資了一些科技股和大盤指數股。這些投資行為合在一起最終讓我實現了 1000 萬的目標。

　　擁有 1000 萬美元的這個目標，我用了 11 年半的時間實現了。我自己也沒想到可以實現。這個階段我每年對自己的財務做一個比較好的記錄。這本書裡，我用紀實文學的方式，把整個過程呈現給讀者。

　　第十二章到第十七章是我財富從 100 萬美元到 1000 萬美元增長的真實記錄。我盡可能地回想自己的每一次交易記錄，爭取做到時間和金額都準確。我也記錄了每次的內心過程、遇到的現實問題和意外。

　　人心的貪婪是沒有止境的，我也免不了這個俗氣。在我制定 1000 萬美元計畫的時候，我曾經寫過個承諾，到 1000 萬美元之後我不再投資理財，只是把它用於買股票指數基金。可惜我現在又改主意了，主要原因是我覺得投資這件事情本身太有趣、太精彩了。人生大部分時間都平淡且無趣，精彩的事情不進行下去，實在有負生命。

　　不是因為我貪圖更多的錢財，我知道我可以使用的財富非常有限。如果我能擁有更多的財富，最終的實際消費者也不是我。我只是好奇普通家庭理財投資的極限到底在哪裡？所以給自己提出一個更高的目標。那就是給自己的資產後面再加一個 0，我想看看可不可以實現 1 億美元這個目標。當然我不會為了這個目標冒險，實現不了也沒有什麼關係，日子照樣過。

　　你也可以說我這本書是一個關於很多個零的故事。我從 1 美元到 10 美元，從 10 美元到 100 美元，從 100 美元到 1000 美元。很多人早已忘記他們擁有第 1 個 1000 美元的感覺。我的起點是那樣的低，大部分人已經完全忘卻的事情，我回憶起來卻都歷歷在目。

　　從 1 萬美元變成 10 萬美元，這個時候沒有投資，只是簡單的存錢。10 萬美元之後才是投資的開始。怎樣從 10 萬美元到擁有 100 萬美元靠思路。從 100

萬到 1000 萬，需要頑強的毅力和執行力。今天我走在邁向 1 億美元資金的道路上，我還不知道需要哪些特質，目前還無從總結。

我想強調的是我寫這本書不是想讓其他人效仿我的經歷。人生就一次，沒有必要去效仿他人。每個人周圍的條件和環境與後來人都不一樣，所以你沒有辦法做到簡單效仿。我自己酷愛歷史，敦煌石窟出土的文字材料，最精彩的不是那些金剛經，而是凡夫俗子的家庭帳目。所以我想寫下我自己的帳目也會對後人有幫助。

錢是生活的一部分，但不是全部。為了突出重點，這本書只是記錄了在我的生命和生活中與錢有關的內容。一個人生命的方方面面的內容很多，我們還有事業、有愛情、有理想、有親情、有友情、有人生思考。那些內容其實佔據了我頭腦的更大部分。希望讀者不要因為這本書只是關於錢的故事，錯誤地認為我的生活全都是為了錢而奔勞。

我在這本書裡面插入了當年寫的相關博客文章。我的博客中大約一半的文章和這個回憶錄的章節內容不符，我就沒有摘錄過來。感興趣的人可以去網上閱讀。我的網路博客上也保留了當年大家的評論。貼在這本書裡的博客文章我沒有做出修改。為了保持原貌，甚至病句和錯誤的英文我都沒有改。為的就是一個目的：這是一本記錄歷史的書。

在投資領域做事後諸葛亮是很容易的，做事前諸葛亮卻是無比的困難。對趨勢的判斷哪怕只差一天、一小時，甚至一秒都是天壤之別。我把真實記錄的博客發在這裡就是這個目的。因為幾乎所有的博客文章都是預測當時的未來。大家可以看到我哪些預見是對的，哪些是錯的。100%正確的預測是不可能的，關鍵是大趨勢的判斷是否正確。

最後，我這本書是抱著一個感恩的心態，一個人悶頭做一件事情，其實挺困難的，在過去十幾年裡，如果沒有網友的支援，沒有把目標公佈出來之後，網友給我的心理壓力，我恐怕也是很難實現自己的投資目標的。我每次寫文章分享出去，都會收到一些回饋。有的網友會問我一些問題，有時會給我一個提醒，給我一些靈感。我這本書是做一個回饋給網友和投資理財社區的。我用這本書記錄下來，文學城投資理財論壇上我們曾經一起走過的十幾年歲月。

0-10,000 美元

在你年輕的時候,每一次挫折和失敗都是好的,都是有益的。經歷了貧困生活的人,才會格外珍惜儲蓄與財富帶來的生存自由。連炒股這樣的經歷也最好也是在你最窮的時候開始。

第一章 節儉是一種美德

01 赴美

1997 年的時候我 20 多歲，隻身一人、跨越萬里，帶著一個一隻手可以拎起來的旅行箱和 200 美元來到了美國。我幾乎是兩手空空，除了幾件衣服和幾本我喜歡的書，我什麼都沒有帶。口袋裡 10 張薄薄的 20 美元的票子就是我全部的財產。

我在美國沒有一個親人，甚至沒有一個熟悉的朋友。只有幾個大學和高中同學在離我數千英里以外的地方求學。我要去的美國城市，是中西部不知名的小城。當時還沒有普及互聯網。在我能拿到的很多美國地圖上，我甚至找不到我要去的這個城市的位置。

收到錄取通知書的喜悅之後，就是簽證鬼門關的忐忑不安。等這一切都塵埃落定，當時最讓我焦慮的事情是找一個住宿的地方。中國學生在美國的主要大學，當時都有一個叫做"中國學生學者聯誼會"的機構，負責每一年新生的接待工作，包括臨時住宿和接機。我那一年非常不巧，學生會主席，忙著自己談戀愛，沒顧上我們這些新生。我聯繫她好幾次，給她發了數封郵件，都沒有收到回應。

不過經歷過領事館簽證的驚濤駭浪之後。其他這些事情都不是那麼讓人緊張得心驚肉跳了。簽證之所以被叫作鬼門關。因為你的命運完全不在你的手裡。你數年的努力和無數的心血，完全可能在簽證官電石火光的一瞬間就被消滅乾淨。找一個住的地方不是問題。大不了先露宿街頭，反正是夏天，難道還能凍死不成，我只能這樣安慰自己。

安慰的話雖然可以自己對自己說。但是問題還是需要自己去動手解決的。中國學生和學者聯誼會的主席聯繫不上。我只能從一個 Email list 上的招租廣告裡找資訊，然後給學校周圍每一個登招租廣告的人打電話。因為我當時還身在中國，沒有辦法看房子，付押金。打了一圈電話下來，沒有一個人願意把房子租給我，更不要說，有人到機場來接我了。後來好不容易找到一個可以說中國話的人，問一下那邊的情況。我像抓到救命稻草一樣。倉促之間趕緊問他，從機場到學校怎麼走？坐計程車行不行？對方告訴我計程車大概需要 60 美元，那幾乎是我當時全部資產的三分之一。我又問了一下，旅店一個晚上需要多少錢? 他告訴我，需要 80 美元左右。我一邊和他說話，一邊緊張地看著手錶上的秒針。當時的國際長途電話費是 20 元人民幣每分鐘，我只預付了 5 分鐘的長途電話費。很快我的一百塊錢花完了，什麼結果都沒有。

沒有時間去問更多的問題，就必須掛電話了。我得到的資訊就是，我的全部財產只夠我下飛機後，坐計程車到大學城，找個旅店住一個晚上和吃一頓麥當勞。然後第二天我就會像流浪漢一樣被甩到大街上。90 年代大多數人赴美的時候都是在一片歡天喜地的氣氛中。而我臨近出發，幾乎是完全陷入了絕望。

我沒有地方可以借到更多的錢。因為大多數的中國人還沒有富裕起來。我也不喜歡找人借錢的感覺。美國大學申請費和購買機票的費用，幾乎花光了我所有的積蓄。當時中國又是被嚴重的外匯管制，即使借到了錢，除了冒風險上黑市，我也沒有辦法換得更多的美元。

就在最後絕望的時候，峰迴路轉般地上帝為我開啟了一扇小小的視窗。我看到有人在 Email list 上發了一個小廣告，說他在找兩個房客共同 share 一個公寓。郵件剛剛發出來不久，我飛快地跑到郵局趕緊打電話。

因為共同的背景。所以聊了幾句以後彼此很信任。只用了 2 分鐘的時間，就溝通好了。他沒有找我要押金，就確定下來把公寓租給我。就在馬上要掛電話的時候，我有些怯生生，不好意思地問他，能否到機場來接我。他猶豫了一下，但還是爽快地答應了我。阿彌託福一切都安排妥當。只要有人來接我，就像找到親人一樣。即使是陌生的同學也不好意思把我扔到大街上餓肚子。我不再像出發前幾天那樣緊張和焦慮了。

很多從歐洲到美國的移民最先看到的美洲是自由女神像。一些年之後，我在紐約的自由女神像上讀到 Emma Lazarus 的詩 "新巨人" The New Colossus。它這樣寫道：讓那些因為渴望呼吸到自由空氣，而歷經長途跋涉也已疲憊不堪、身無分文的人們，相互依偎著投入我的懷抱吧!我站在金門口，高舉自由的燈火!

"Give me your tired, your poor, Your huddled masses yearning to breathe free, The wretched refuse of your teeming shore. Send these, the homeless, tempest-tost to me, I lift my lamp beside the golden door!"

我第一次讀到這些話的時候，覺得這些話直擊人心。沒有親身經歷貧窮和移民痛苦的人很難感受到這樣的詩篇有多麼打動人。美國歷史上的絕大多數移民，在舊大陸或者自己生長的國家日子過得都不是那麼好。是為了更好的生活，或是更多的財富機會，再或者是更多的人生自由才來到美國的。

歐洲人回憶美國的移民史想到的是自由女神像。在眾多的小說和回憶錄裡，亞洲來的移民第一眼看到的是金門大橋。而我第一次看到的美洲大陸是阿拉斯加的大雪山。其實從 20 世紀 60 年代以後，大部分的中國、韓國、日本的東亞移民第一眼看到的美洲都是阿拉斯加的大雪山，因為這些國家的飛機都是從白令海峽到美洲大陸，不過似乎鮮有人提起這個事情。

愛上一片土地和一個國家，往往是從那個地方的地貌開始的。當時飛機有些顛簸，把我從睡夢中搖醒。通過玄窗往外一看，是綿延無際的，一片一片的大雪山。當時我的心情忐忑不安。在這片土地上，我一無所有，語言不通，舉目無親，我不知道什麼樣的命運在等待著我。

02 節儉之彈性理論

當時我自己不知道的是，雖然我一無所有，但是我從舊大陸上帶來了一些美好而重要的習慣。節儉是一種美德。節儉在富裕的家庭和國家裡，往往被忽略。人們把節儉和小氣摳門等負面詞彙混為一談。我雖然一無所有,但是我年輕好學、勤勞、有野心。我還有從小父母與家庭給我的節儉的美德。這一切都幫助了我,讓我能夠在這片新大陸上有一個順利生活的開始。

在花錢和管理財富上,人們很少從書本上獲得經驗。大家最直接的老師就是父母親戚,兄弟姐妹。我也不例外,我幾乎所有節儉的習慣,都是從我母親那裡獲得的。我出生在 20 世紀 70 年代初的中國。雖然我比 60 年代出生的人稍稍運氣好一點,沒有經歷過餓死人的災荒。但是 70 年代末和整個 80 年代中國還是很貧窮的。我父母是經歷過國共內戰和 60 年代災荒年代的人。他們一生勤勞節儉,並以此為榮。總的來說,那代人整體上要比我們這代人節儉得多。

節儉還有一個非常有趣的事情。那就是幾乎每個成年人,都認為他們節儉的程度是正正好的,既不奢侈,也不過於吝嗇。我在童年的時候觀察到這一現象,就是節儉程度的彈性之大,它來自對比我的奶奶,我的父親和我的母親的花錢習慣。

我奶奶幾乎是我這輩子見過最節儉的人。她是從中國舊社會饑餓與死亡線上走過來的人,所以一生都是極度節儉的。一碗米都要先煮一下,再蒸了吃。這樣既有粥喝,又有乾飯。她一生大產小產生育八次,每次坐月子的時候,給自己最好的待遇也就是在喝的稀飯上撒一點乾蝦皮。

我的父親是軍人幹部出身。他高中畢業之後,20 世紀 50 年代初在軍校上大學。中國軍人在 50 年代到 80 年代的待遇都很好。因為他是軍校出身的大學生,在 60 年代末就是一個縣團級幹部。當普通工人的工資只有 30-40 元的時候,他的工資已經是 120 元人民幣(合 48 美元,人民幣兌美元按照當時官方匯率折算。下同)。在我奶奶眼裡,我父親是一個浪費的人。我奶奶會因為我父親在街邊的餛飩攤上吃了一碗面,而沒有回家吃飯,而抱怨上好幾年,說他浪費了錢。

我母親在我眼裡是一個非常節儉的人。可是她在我父親眼裡,卻是一個浪費的人。因為只要我母親管家,她總是會把錢拿來給我們小孩子買好吃的,或者買布料做衣服。我父親覺得他每個月這麼高的工資,但是結餘不多，所以常常比較有意見。因為像很多男性一樣，他對家庭內部很苛刻，但是對外比較慷慨。省下來的錢，他用來資助自己幾個窮困的親戚，和一個戰友。在他看來，錢需要用在刀刃上，而不是每天吃喝用度的零星支出上。牙縫裡面的錢，要省總是能省出來的。他曾經幾次剝奪我母親管家的權力。讓他自己來負責每一項柴米油鹽的支出。每次他管錢，一到月底都能有所結餘。

我媽媽每次吵不過他的時候就說錢是用來花的，不是用來存的。可能是因為她知道存下來的錢，也不完全屬於自己的小家。

儘管我母親從來不浪費一分錢，按照我的標準看，簡直是個一分錢掰兩半用的人。從我有記憶開始，我從來沒有見過她給自己買過什麼像樣的衣服。一切衣服都是她自己做的。但是我母親在我父親眼睛裡，就是一個花錢如流水的大小姐。主要是因為我母親小時候家境不錯，她每週都要買肉吃，每年都要給孩子做新衣服。我父親看來這些都是可有可無的。我母親從來沒有和奶奶直接爭吵，但是總和我說，奶奶是舊社會生死線上走過的人，都解放了，日子不應該再那麼苦，每週買點肉吃也不是什麼大不了的罪過。

相比我母親而言，我在她眼裡那簡直就是一個奢侈、虛榮的闊少爺。她無法接受我在一件衣服沒有穿破之前，就把它丟棄。也無法接受任何一塊布匹，沒有經歷衣服到抹布、抹布再到拖布這樣的循環就被丟棄掉。她總是和我嘮叨，皮鞋需要好好保養，應該可以穿 20 年，埋怨我兩三年就換一雙皮鞋。

金錢幾乎是所有家庭永遠談不完的主旋律。家庭幾乎每一個決策都和金錢有關。而事後人們記憶中的只是一個個事件，完全不再記得金錢和費用花銷本身。比如大家都記得 20 年前的某次家庭旅行，記得旅行中發生的趣事和看到的風景，可是旅行的開支完全被人遺忘了。我的少年時代關於錢的記憶就是這些紛紛擾擾的吵鬧。

我奶奶、我父親、我母親、和我的消費對比中，你可以看到花錢是個非常有彈性的事情。怎麼樣其實都可以過日子。

會走路的錢

節儉是個美德。童年有貧窮的經歷也不是什麼壞事。俗話說，窮人的孩子早當家。應該說我的家庭在我小的時候，相對於中國的大部分家庭並不貧窮。他們之所以有這些金錢上的爭吵，是因為中國整體比較貧窮。

中文常說一句話叫由儉入奢易，由奢入儉難。因為我們小時候相對貧窮，後來趕上中國經濟發展的奇跡。這讓我們這代人經歷了財富按數量級一樣的快速往上增長的過程。雖然這個增長大部分原因是我們起點很低。

有時我會想，對於我來說這可能是一件幸運的事情。我甚至覺得，縱觀人類財富增長歷史，地球上幾乎找不到，像我們這樣幸運的一代人。

相對發達國家的同代人。他們一生沒有經歷我們這樣幾何指數一樣的財富增長。有時我看我的孩子，我知道他們一生也不會有這樣快速的財富增長的過程。財富給人帶來的快樂，並不是依靠絕對數量，而是變化的多少。如果一個窮人，每一天每一年都可以比前一天前一年更富有，那他的精神面貌是快樂的，對未來是充滿希望的。如果是一個富家子弟，貴族億萬富翁，每天看到他的財富縮水，日子一天不如一天，那即使他的絕對財富依舊很多，他的心情也是沮喪的。

而我們這代中國人現在擁有的是小的時候不曾夢想的財富。因為我們趕上改革開放和財富的快速增長，所以我們的精神面貌一直是快樂的。

我讀的中學是我家鄉城市裡最好的中學。80 年代中的時候，一個美國中學生夏令營到我們這個中學訪問。學校組織我們一部分同學和他們聯誼了兩周。中美的孩子們在一起上課、打籃球、去公園遊覽。聯誼的最後一個環節是給自己的搭檔小夥伴互贈禮物。我們中國學生送的都是當地的土特產。因為是盛夏，我送的是一瓶風油精。對方美國小孩沒有從美國帶什麼禮物，他就送給我了一張 20 美元的鈔票。

20 美元在當時可是稀缺品。大部分中國人見都沒有見過美元。我媽媽後來用這 20 美元去友誼商店買了一瓶洋酒，過年的時候家裡開葷。我再也沒有見過我的這個搭檔美國小夥伴。

我後來會經常想起他。如果他在美國順順利利，成長在一個中產階級家庭，雖然我最後也是一個普通的美國中產階級家庭，但是他的幸福感肯定不如我強烈。因為他生下來就在一個中產階級家庭，很小的時候就可以任意支配 20 美元。而我小的時候，從來沒想到自己也可以成為美國中產階級家庭。現在變成了中產階級，自然是開心和快樂的。

03 除了你，沒人會在意你的錢

現在我人到中年，很多時候喜歡到童年和少年時代尋找自己性格上的根源。如果我和其他孩子有什麼不同的話，就是我不太喜歡說話，我更喜歡觀察和暗暗地尋找事物背後的原因。

在我很小的時候對財富沒有什麼概念。與貧窮和富有的第一次接觸，是在小學二年級的時候，我陪媽媽給她一個工友送衣服。那個工友當時是一個臨時工，住在農村，家裡很窮。母親把我的一條穿舊的褲子連同其他一些衣服送給他們家。

我們到了他們家，對方的一個老爺爺，笑呵呵地迎接我們。然後轉身對一個跟我差不多大的孩子說"黑蛋你終於可以出門玩兒了"。我開始沒明白他是什麼意思。難道農村的孩子不能出門玩耍麼？難道比我們城裡人還不自由？後來才知道，原來他們家是真的窮，窮到沒有褲子穿。這個和我幾乎年紀相仿的男孩子，只能一絲不掛在家裡，來個客人就裹在被子裡躲著。

對於孩子來說，也許這只是一件好玩的事情，並沒有讓我感覺到有錢和沒錢有多麼大的影響。沒有褲子這件事對我來說也只是格外新鮮。我甚至覺得他家的日子好極了，因為他們每天都可以吃我喜歡吃的地瓜。地瓜甜甜的，比大米好吃。事實上是因為他們沒有糧食吃，只能吃地瓜。長期吃地瓜，人缺少蛋白質，沒有力氣，也容易便秘。

當時還處在文化大革命的晚期。城鄉接合部的農民在割資本主義尾巴的重壓下生活，不可以把自己的農產品拿到市場上進行自由交換，即使是他們可憐的自留地上生產出來的。所以他們沒有錢去購買工廠裡生產出來的輕工產品，自然也就沒有衣服穿。

我母親把我們已經是補丁加補丁的衣服送給了他們，換來了一麻袋的地瓜背回了家。我覺得我們又幫助了別人，又獲得了我愛吃的東西，非常高興。那是我第一次接觸到比我們生活得窮苦很多的人。老爺爺和我們聊天的時候，不停地用方言嘮叨一句，"沒錢啥事也不行"。這是我第一次知道錢的重要性。

在兒童時代，金錢對我來說就像打遊戲的遊戲幣一樣，它們只是一些叮叮噹當的物體，覺得好玩有趣。70 年代末我父親從部隊調動到地方工作，舉家搬遷。那時我小學三年級，最後一天，我的小夥伴們送我。我們在一個滿是水果攤的街上，痛痛快快地吃了一個下午。那個時候沒有冰淇淋這樣的好東西，能夠敞開肚子吃的就是山梨和葡萄。擺攤的農民時時刻刻需要提防治安隊來罰款。我拿出了我所有的零錢，對同學們說，大家吃多少都行。很多年以後我這個小夥伴回憶說，那個時候覺得我像是個有錢的大財主。我口袋裡全是 5 毛錢（合 20 美分）的大票。

母親從小就給我們一個儲蓄盒豬娃娃，讓我們把錢存在盒子裡。每次我們想吃冰棍兒的時候，她就會對我們說，你把冰棒的錢省下來，以後銀行給你利息，你就可以買更多的冰棍兒。

於是我就特別積極地把錢存到我的豬娃娃裡去。那個時候家裡相對寬裕，隨時可以在各個角落找到一分兩分的零錢。我的儲蓄罐豬娃娃，大概最後存了二塊多錢的樣子，晃起來，沙沙作響，裡面有很多硬幣。

然後有一次母親跟我說，把豬娃娃的錢都拿出來，交給她幫我保管。她可以幫我換成一張紙幣。當時我的夢想就是買一本《孫悟空大鬧天宮》的小人書。那本小人書上下兩冊彩色出版，每冊是二毛錢，一共需要四毛錢。我在小夥伴那裡看到過，可惜他太小氣，生怕我們把他的書弄髒了，只讓他翻著給我們看，不讓我們自己翻。雖然我攢夠了足夠多的零錢，但是我卻買不到這本書，因為書店沒有貨。每次放學路上，我都去書店那邊繞一下看看新書來了沒有。

母親不知道我存錢的小算盤。她把我存的零錢都拿走了，說回頭換整錢給我。當然你想像一下就知道零錢交給大人的後果是什麼。我再也沒有見到我那些一年多辛辛苦苦攢出來的硬幣，也沒看到我母親許諾給我的整錢紙幣。小人書來了，當我想要我存的錢的時候，母親對我說，"你小孩哪有錢，你儲蓄罐裡的錢不都是我掉在家裡的硬幣麼？"那時我七歲。我不記得我是否反駁了她。這個事情給我深刻的教訓就是錢不能交給任何人。連最愛你的媽媽都不行。除了你，沒人比你更在意你的錢。

04 貧困的生活

上面說的都是童年的一些關於錢的零星記憶。我真正感覺到缺錢給我帶來的不快是在我父親去世之後。20 世紀 80 年代初，正值中國改革開放的開始階段，一切都是生機勃勃，我們家也滿心期待地準備新生活的開始。父親被提升擔任科研所主任，開始學英語，準備公派出國進修。不過，噩運降臨，他突然生病去世了。

他去世之後，我們家的收入一下子減少了 2/3，家道中落。我也開始意識到拮据給人帶來的不快。70 年代末，我父親的工資是 120 元人民幣，我母親的工資是 60 元（合 24 美元）。我們子女三個，一家五口，雖然說不上富裕。因為當時的供給制，住房和水電費都不要錢，父親也不在家裡吃飯，所以我家基本上可以有個相對體面的生活。差不多每週有肉吃，每年有新衣服換，親戚人情來往不至於太拮据。我們家按照當時現代化的標準，"三轉兩扭一呀嚓"，除了照相機都配齊了。不生活在那個年代的人可能對"三轉兩扭一呀嚓"不熟悉。三轉指的是自行車，手錶和縫紉機；兩扭指的是電視機和收音機；一呀嚓指的是照相機。這是 70 年代富裕家庭的標配。進入到 80 年代，人們才開始追求洗衣機，冰箱，彩電等大三件。

父親突然去世，讓我們家失去了 2/3 的收入。我母親只是一個普通的工人。在 20 世紀 80 年代初，僅憑她一個人 60 元人民幣的工資要養活三個孩子是很困難的。我們從一個普通的幹部家庭，一夜之間，落入低收入家庭。

最讓我難堪的是，初中二年級的時候，我上學報到，母親沒有給我一分錢。那個時候一個學期的學雜費是 5 元（合 2 美元）。母親說我們家庭困難，你需要向學校老師申請補助，看看能不能免掉學雜費。

會走路的錢

　　我覺得申請補助是一個多麼尷尬且沒有面子的事情，就一再拒絕我媽媽，和她磨了好幾天。我說我可以一年不吃肉，一年不買衣服，可不可以不要讓我當著那麼多同學的面，向老師申請貧困補助。

　　母親把我狠狠地訓了一通，說我怎麼那麼沒有出息，沒有膽子，在家一條龍，出門一條蟲，死要面子，連申請貧窮補助這樣的事情都不敢提出，一輩子還有什麼用？

　　我急得要哭出來。那年我 13 歲，我和她磨了很久的嘴皮子，說了無數多個理由，可是最後她還是一分錢也沒有給我。我帶著沮喪的心情走去學校。一路上，其他小夥伴們，新開學的時候難免打打鬧鬧，嘰嘰喳喳地說著假期裡的軼聞趣事。而我卻為了申請補助這一件事情，心事重重，見到誰都沒精打采的，上學路上整個天空都是陰暗的。

　　開學報到的時候，班主任坐在講臺上。學生們圍著她，把手上的錢遞給她辦理註冊手續。我覺得我不可能當著那麼多同學的面，跟老師說申請貧困救濟補助的事，就在座位上默默地坐著等待著。

　　可是臺上的同學們辦完手續之後並沒有散去，他們或者在黑板上寫寫畫畫，或者圍繞著講臺，在老師身邊嘰嘰喳喳地說著其他的事情。那時我多麼希望老師能夠說一嗓子，"辦完手續的同學可以回家了"。

　　可是沒有。大家手續一個一個都辦好了，沒辦手續的同學只剩下最後幾個了。我已經沒有什麼退路。我的心跳開始加速，我一遍遍地演練自己一會兒應該怎麼對老師說。終於除了我以外，最後一個同學都辦好了。老師平視了一下教室大聲地問，"還有哪個同學沒有辦手續？"

　　我怯生生地舉起手，全班的目光都看著我。

　　老師不屑地說，"咦，那你怎麼不上來辦手續啊？"她的口氣裡似乎帶著火氣。讓我更加緊張和難堪。

　　我像擠牙膏一樣小聲地說："我想申請學校貧困補助"。

　　我的聲音是那麼的輕，可能只有蚊子能聽得見。但是我覺得全班同學好像都在豎著耳朵聽，他們把每一個字都聽得清清楚楚。他們雖然沒有發出令我害怕的哄笑，整體態度還算友好，但是我感覺到他們都帶著可憐同情的目光看著我。他們中間有我一起玩耍的小夥伴，也有我偷偷喜歡的漂亮女同學。我不需要任何人來同情我，我是一個男子漢，我也不喜歡別人同情和可憐我。

班主任老師是一個中年女教師。我當時和她不熟悉，不過她應該是一個好老師。她很快就感覺到了我的窘迫。她讓同學們通通坐好，對我說"你放學之後到我辦公室來一趟。"算是化解了當時的尷尬。

這是我人生中第一次經歷因金錢帶來的窘迫，當眾承認自己沒錢的尷尬與難堪。這也是我後來一直保持存錢習慣的原因。我不喜歡借錢，不喜歡求人。也不喜歡別人的施捨與同情。

當然現在想想，也許是那個時候，我自己過於神經過敏。人在少年的時候，覺得自己是世界的中心，全世界都在關注你。也許當時我的同學們忙著嘻嘻哈哈吵鬧，根本沒有留意我和班主任的對話。

05 餓肚子的高中

母親很艱難地把我們拉扯大。80 年代中期，一個普通工人養活一家四口，是一個非常困難的事情。我們幾乎不買任何衣服，整個高中時代，我一直穿父親留下來的舊軍裝。大部分新衣服都是母親買布自己做的。她的手很巧，總是能給我們做一些款式新穎，價格又便宜的衣服。因為家庭不寬裕，讓我對花錢的事情格外敏感。現在我都不知道她是怎樣神奇地做到用 60 元（合 30 美元）一個月的工資養活四個人的。

1985 年，上高中的時候，我選擇了住校，當時一個月的住宿和伙食費是 9 元人民幣。伙食標準每天大概是 4 毛錢的樣子。米飯是充裕的，青菜也很充分。早飯的粥也是敞開供應，但是葷菜非常稀缺。要是哪天晚飯吃餛飩，大家都會眉飛色舞慶祝一番。晚飯有的時候唯一的葷菜是一根香腸，八個學生分。我沒有記錯。就是一根巴掌長的香腸，切成薄薄的幾片，供八個青春期正在長身體發育的大小夥子分著吃。

雖然我生長的城市在中國是屬於富裕的地區，魚米之鄉。包產到戶，改革開放快 10 年了，人民生活水準有了很大的提高，大部分人已經不再餓肚子了。但是我整個高中時代，幾乎都是在饑餓中度過的。主要原因是我家當時在城市裡屬於低收入家庭。在高中，一方面是有高考的壓力，另外一方面，對我來說，更大的困難是對付饑餓的煎熬。那個時候很怕上體育課。如果體育課是 1000 米或者 1500 米的長跑，那饑餓感就會很強烈地折磨我一整天。

一般上午上完兩節課之後，我的肚子就開始咕咕叫了。學校有校辦工廠的麵包可以買，大概是二毛錢一個，我不捨得買。當然可能是我過於好強和體貼我母親了，也許家庭經濟狀況沒有那麼緊張。二毛錢的麵包還是買得起的。我要是和母親要求，她應該會給我一些零花錢買。但是我從父親去世之後，給自己定了一個原則，就是堅決不主動找我母親要一分錢，除非她想到給我。這個原則從 13 歲那次申請學雜費補助事件之後一直持續了一輩子，包括我上大學期間。

當時我經歷了比較嚴重的營養不良。在我印象中，高二和高三期間，一周我只有一次大便。通常是在週六回家吃到一些好東西之後，才有大便。我沒有便秘和其他的毛病，是因為身體在成長，學校伙食太差，腸胃系統需要榨取食物中的每一點養分。

饑餓是一方面，另外一方面是需要忍受寒冷。南方的冬天沒有什麼取暖措施，所以教室宿舍和外面一樣的冷。冬天的時候，教室裡面的溫度也就攝氏 5 度左右。我一開始穿的是父親留下來的一件軍棉襖。但是到了 80 年代中期之後，大家已經不再穿軍隊的棉襖了，市面上開始流行起了各種防寒服和皮夾克。高中一年級的時候，我還可以穿著軍棉襖混。到了高二和高三因為軍大衣嚴重地落伍，我也不好意思穿了。總不能在同學面前把自己穿得像個志願軍戰士一樣。

春夏秋這三個季節都不要緊。天氣不冷的時候，我一般穿一件父親留下來的舊軍裝，帶口袋的那種幹部軍裝與士兵的軍裝有所區別。冬天我裡面穿個毛衣，在上面套一個棉背心。然後在棉背心外面套一個母親上班穿的藍袍子工作服。那個工作服很多老師也當工作服穿，因為老師的衣服經常會被粉筆灰弄髒。所以他們上課喜歡穿一件這樣的罩衣。有好幾次我走進教室，同學們把我誤認為老師。

那樣穿衣服，形象上勉勉強強說得過去。但是胳膊沒有棉衣保護會冷。經常是晚自習的時候，整個胳膊越來越冷，手凍僵，寫字越來越慢，直到幾乎完全寫不出。我只能跑出教室，搖晃搖晃胳膊，熱熱身，再回來上晚自習。

我從來沒有告訴過我母親餓肚子和受凍的事情。我不想給她增加任何負擔和煩惱。高三的時候，母親給我買了一件皮夾克。算是冬天有了一件像樣的衣服。但是皮夾克是人造革做的，不透氣，穿了幾小時之後，用手一摸裡面會有一層凝結的水汽。我也就不再穿了。當然這些事情我也沒有告訴我母親。

其他同學會因為學校伙食太差，帶奶粉和麥乳精到宿舍裡，晚上睡覺前補充一下營養。我從來不享受這樣的奢侈品，因為我不會找母親主動提出。有一次週六下午放學，我等公共汽車回家。那是一個冬天，風很冷。公共汽車站前有個阿姨，支了一個煤球爐，在賣油炸蘿蔔絲餅。這是南方常見的街頭零食，就是拿蘿蔔絲裹著面，在油裡炸成一個團。

因為饑餓和寒冷，讓我索索發抖。油炸中的蘿蔔絲餅帶著熱氣，散發著芳香。我猶豫了再三，還是沒捨得買 5 分錢（2 美分）的蘿蔔絲餅。因為買這個蘿蔔絲餅，我就有可能要找我母親要錢。

找別人要錢是件羞恥的事情。在我 13 歲以後的一生中從來沒有找母親要過錢。包括後來上大學，如果她記著給我錢，我就會拿著，如果她不記得給我錢，或者出於某種原因沒有按時寄給我錢，我也絕對不會找她要的。

我說這些只是描述一下在我青少年的時候，我的起點有多麼低，一個兩美分不到的蘿蔔絲餅我都不捨得買。但是回首看來，青少年時代貧窮的生活對我來說是有益的。首先讓我學會要未雨綢繆，知道手上需要存一些錢；其次這些經歷教會我獨立，凡事不求人；最後，經歷了物質生活的稀缺，你才會珍惜物質財富，而不會輕易浪費它們。即使今天不為了金錢本身而節省，我也會想，每一樣商品生產皆不易，動用了大量的社會資源和自然資源。在沒有物盡其用之前，你又何必把它們好好地從商店送進垃圾箱呢。

會走路的錢

往往是經歷過最艱苦的生活之後，才會變得無所畏懼。貧窮沒有什麼可怕的，因為再艱苦也不過如此。人也不會死掉，地球照樣旋轉，人世間的各種快樂依舊。所以經歷貧窮之後，反而你可以大膽地去做自己想做的事情，而不必生活在各種擔心和恐懼中。

每個人的性格大部分是天生的遺傳決定的。但是我覺得投資理財和花錢習慣這個事情上，後天的經歷可能對一個人影響更大。節儉是一種美德。我非常感謝上天讓我擁有這些美德。如果認真回想，並不是我天生的基因裡有這種美德，可能只是碰巧在我少年的時候，生活相對艱苦導致的。中國雖然曾經很窮，但是我們這代人中，大部分人都沒有我這樣的生活經歷。

節儉在我後來的生活裡漸漸變成一種習慣。比如，我很少浪費食物。我盡量不攝入超過我身體需要之外的熱量。浪費肉類食品簡直是一種暴殄天物的行為。那些動物為你付出了它們的生命，而你把它們扔進了垃圾箱。一件衣服，比如生產一個最簡單的圓領 T 恤衫，所需棉花耗費的水資源就是 2.7噸。人類對地球的環境已經造成那麼大的傷害，我們有什麼理由浪費那些物質財富呢？

我從來不介意別人發現我有節儉的習慣。也許是少年的經歷讓我變得特立獨行。我也不喜歡用那些外在的東西來宣示和表達自己。更多的時候，我在意的是我自己怎樣看自己。人的一生最好是在給社會和地球造成最小負擔的前提下，給自己創造最大的快樂和自由。在這樣的價值觀下，你就會更深刻地感覺到節儉是一種美德。

第二章 存 1/3 的收入

01 上大學

我一直都有一個信條，那就是你永遠都是可以存 1/3 的錢的。也就是說，你每個月都可以把 1/3 的收入存下來，作為儲蓄以備未來的不測之需。

這個道理並不複雜，因為有很多比你收入低 1/3 的人，他們一樣活得好好的，他們的生活品質並不比你差多少。既然他們可以活得好好的，那你就當自己的收入比現在的實際收入少了 1/3，這樣不就可以把 1/3 的錢存下來了嗎？

我上大學的時候，家裡的經濟條件稍微有了一些改善。一方面是因為兄弟姐妹中的老大工作了，另外一方面，隨著改革開放中國也變得相對富裕了，工資都有增長。

我上大學的時候每個月的生活費是 50 元人民幣（合 12 美元）。我母親會輪流著把工資寄給我和我哥。那個時候我和我哥都在大學裡。母親要靠她一個人的工資，養活我們兩個大學生。當時她一個月大概掙 150 元的樣子。她會把她收入的 2/3 拿出來供我們上大學。這個月給我哥寄 100 元，下個月給我寄 100 元。

如果你看到這個數字，你就會知道為什麼今天的美國中產階級家庭大學生喊窮，申請高額學生貸款是件矯情的事情。如果精打細算的話，大部分家庭根本不需要貸款。因為我在美國還從來沒有見過一個家庭，把他們一年收入的 2/3 拿出來支付他們孩子的大學學費和生活費。

會走路的錢

我當時的伙食標準是 30 元人民幣（合 7 美元）每個月，我給自己定的用錢計畫是這樣的。每個月我有 50 元收入，吃飯花去 30 元。20 元我可以存下來以備急需和購買一些書籍與雜物。我的伙食標準是每天一元人民幣（合 25 美分），當時就是早飯兩毛錢，午飯和晚飯各四毛錢。兩毛錢可以買一碗稀飯，加上一個饅頭和鹹菜。四毛錢的伙食標準就是四兩米飯，再加上一個炒菜。

然而當時我同寢室的幾個同學開學一個月就花了 300 元人民幣。在我看來真是不近人情的敗家子。其實他們父母的收入並不高，有的甚至是農村很窮的地方來的。當時在中國，沒有多少家庭是富裕家庭。高消費的同學還喜歡在其他同學面前炫耀自己是怎麼寫信編理由找父母要錢的。

這樣的行為我當然覺得非常不齒。我從來不找我母親要錢，她不寄來我也不會找她要。不過，母親總是會按時隔月把錢寄來。我印象中第一學期結束的時候，北方的大學給我們這些南方來的學生，發了一筆冬裝補助費 15 元人民幣（合 2 美元），是給我們南方籍的學生買冬天棉衣的錢。

我拿了這筆冬裝補助，到百貨大樓裡給我母親買了一件燈芯絨面的棉襖。第一學期寒假的時候，我把棉襖帶回家。我說這不是我從伙食費裡省出來的，這是學校額外發給我的冬裝補助。我有棉襖，所以我給您買了一件新衣服。我母親非常高興。那一年我 17 歲。

我的這件衣服我母親幾乎沒有穿過。我不知道是衣服不合身，還是她不捨得穿。反正她一直保留著。這件事情也說明人和人之間的快樂和絕對的金錢數量沒有關係。今天哪怕我用 2 萬美元，給我的孩子買一輛車，都不會換來我當年用 15 元人民幣給我媽媽買件衣服帶來的愛與快樂。

在人與人交往的時候，情感的快樂來自於百分比，即相對財富。你願意把自己所有財富中的多少比例與他人分享，而不是絕對數量。大家彼此交換的是對方在自己心中的份量。你給對方的花銷是雪中送炭，還是錦上添花？你是傾其所有，還只是拔一根汗毛？

　　我在整個大學期間從來沒有想過出國的事情。當時留學國外對於我來說是一個不可能實現的事情。因為準備 GRE、託福考試，上輔導班的費用不菲。此外出國的申請費也是一筆大的開支。

　　當時我和其他同學聊了起來，他們說估算一下，出國前期全部費用預算大約是 1 萬元人民幣（合 1250 美元）左右。這還不保證你能夠申請到學校的獎學金。即使你拿到了錄取通知，申請到了學校獎學金，還不見得大使館會給你簽證。所以你這 1 萬元人民幣投資，很有可能完全打了水漂。

　　當時 1 萬元人民幣對於一個月只有 50 元生活費的我來說是天文數字。我需要 200 個月，也就是將近 20 年不吃不喝才能省到這筆錢。

02 "會走路的錢"

　　不過我一直是愛學習的好孩子。功課對於我來說從來不是一件難事。如果在饑餓狀態下都能考前幾名，肚子能吃飽的情況下學習有什麼難的呢？可惜當時的大學學風並不好。因為對於大多數畢業生而言，學習成績好與不好，對於未來沒有什麼區別，因為未來前途取決於畢業分配。畢業分配一方面取決於你的籍貫，你從哪裡來，就可以回到哪裡去，另外一方面取決於你和班主任的關係。如果你和班主任的關係好，可以留在京滬這樣的大城市。如果你和班主任關係不好，可能被發配到邊疆省份。

　　我大學畢業的時候，還有國家指令性計劃。就是你必須去國家需要的地方工作。國家需要去的地方往往都是一些邊疆省份。而這個時候學習好，反而成了把你送到邊疆省份的藉口。那些書記、指導員、班主任會冠冕堂皇地說，我們當然要把最好的學生送到國家最需要的地方去。

　　這樣屢次三番下來，沒有人願意好好學習。既然畢業工作是包分配的，而命運又跟學習無關，大學生們主要忙的就變成了跳舞、談戀愛和打麻將。

　　我不是這麼想，我覺得更多的知識總是有用的。功課對我來說，又從來不是一件困難的事情。所以我一直是一個好好學習的好學生。當然更主要的原因是，我感覺知識本身非常有趣。大學的圖書館，給我提供這樣的便利。

會走路的錢

當大家忙著跳舞、打麻將的時候，我把大部分時間都花在圖書館裡，看各種閒書。

當時大學圖書館的書非常有限。不是你理工科的書，借閱數量都要受到嚴格的限制，一週一本。在當時環境下，大學並不想給學生們更大的自由和發揮，而是把學生們培養成隻懂專業的技術人員，能夠像螺絲釘一樣，為祖國工作。

不過當時我還是看到一本對我後來投資理財非常有用的書。那是一本梁曉聲的小說。小說的故事我已經全忘了，當時他提了一個概念，就是"錢是會走路的"。他用自己家的經歷來描述財富會轉移的現象。即使你把錢壓在箱子裡，換成金銀首飾放在保險櫃裡，都擋不住錢會像長腳一樣走來走去。一個人的財富會走到另外一個人的口袋裡。

我在當時沒有意識到這本小說對我的影響。連這本小說的名字我也想不起來了，我只記得他們的對話裡，有"錢是會走路"的討論。十幾年之後，我把這個會走路的錢的概念在房地產、股票市場上應用了起來，獲得了不錯的成果。

可見你每讀一本書（包括此書），都會對你有影響，只是你不知道它們的影響什麼時候會產生，以及這些影響會有多大。每一份知識都是有用的，而辛勤勞動獲得知識的人，終將獲得回報。

03 研究生的經濟賬

大學畢業之後我選擇了攻讀研究生。一方面是我對知識本身非常渴望，另外一方面中國在 80 年代末經歷了比較嚴重的政治動盪，實在沒有什麼像樣的工作給大學畢業生。那幾年大的原則是把大學畢業生通通下放到基層，讓他們在基層一層層的鍛煉，而不是直接把他們分配在中央的各級直屬機關。

讀研究生的時候，我的經濟狀況有了進一步的好轉。母親那個時候，除了自己有一份工資收入之外，還開了一個小小的門市部，通過這個門市部做一些煙酒糖茶生活日用品的小買賣。門市部是很小的買賣，業務很清淡。有時半天營業額只有 10 元錢，一個中午等不到一個顧客。

　　但是母親還是捨不得回家睡午覺，她寧願趴在櫃檯上打瞌睡，也不放過任何一筆生意，掙任何一毛錢。其實當時家庭已經沒有什麼負擔，我們幾個子女都大學畢業了。可是經歷過貧困和拮据之後，母親不捨得失去掙任何一分錢的機會。

　　讀研究生時候，國家給我們的補助是每個月 70 多元人民幣（合 10 美元）。另外當時還有每個城市戶口居民的糧油補助，大概是 20 多元（合 2.5 美元）每個月。兩筆錢加在一起我一個月有固定的 100 元收入。

　　還是老辦法，我會把 30 元存下來，花 70 元。隨著物價上漲，我每天的伙食費標準也提到了兩元。就是早飯四毛錢，晚飯和午飯各自一元不到的樣子。這個時候，我不再有饑餓的感覺了。一方面是身體已經完全長成了，另外一方面，伙食也的確比以前好了很多，有油水了。

　　還有，我那個時候也有外快可以掙了。我在研究生的時候，可以幫著自己的導師做一些現場測試的工作。每次測試工作之後，甲方單位都會發放一些勞務費給我們。幹一天活，每次差不多能掙一兩百元人民幣的樣子。

　　於是在第 1 個學期結束之後寒假回家的時候，我居然存了 1000 元人民幣（合 125 美元）。那是我第 1 次擁有 1000 元。那時候 100 元新版人民幣剛出來不久，取代了 10 元的大團結。我把 10 張 100 元人民幣，數來數去開心極了。

　　有了這 1000 元作為墊底，我獲得一定的安全感。我的生活不至於再那麼拮据，我開始買更多的書。印象最深的是，我經常去福州路外文書店去買影印盜版的書。應該說，今天看來，這些不合法的盜版書，在中國改革開放的開始，對我們國家是有很大幫助的。因為這些原版書籍價格太貴，大家根本買不起。盜版書籍就變成我們普通讀書人睜眼看世界的途徑。

　　盜版英文書裡面，讀得最多的是讀者文摘。今天看來簡單的通俗讀物，在當時卻給我打開了另一扇門，讓我看到了不同的世界。這個世界，這片美利堅的新大陸，對我來說又嚮往又好奇。但是我還是不知道怎樣才能進入那個世界。我買了一張美國地圖，掛在寢室的牆上。同學們問我，你要出國嗎？我搖搖頭說不是不是，我只是好奇想看看另外一個世界都有哪些城市？哪些州？哪些山川與河流？

04 股市初探

我這 1000 元並沒有用來直接消費。因為中國那個時候發生了另外一件事情，就是成立了股票交易市場。中國股票交易市場一開始是很清淡的。幾乎沒有什麼人購買股票。政府靠著各種各樣的攤派，指派國家幹部和工作人員必須買，才把股票發行出去。這個局面從深圳股票市場成立之後發生了改變。幾個深圳人拿著旅行箱，提著現金到上海股票交易市場開始大肆購買老八股，掀起了上海股市的第一波狂飆與泡沫。

我當時在上海讀研究生，所以經歷了這個瘋狂泡沫的每一個細節。當時每個人都在眉飛色舞地談論股票。我有個同學從家裡拿來幾萬元人民幣，開始炒股。我每天會到他寢室裡，去請教他一些炒股的經驗。

應該說當時大家對證券市場是一無所知的。人們總是憑藉過去的趨勢去猜測未來。這和我們漫長進化過來的思維方式是相關的。一個獵人在一個地方打到一頭鹿，他就會相信，大概率以後還會有一頭鹿在那裡出現。於是他就會一遍一遍到那個地方。另外一個獵人，如果用一個陷阱，獲得了一個獵物。那他就會一遍又一遍的嘗試同樣的陷阱，試圖獲得下一個獵物。炒股的人也不例外，看見股票一路高漲，就會覺得未來也會一路高漲。

我當時對於股票的唯一知識，就是來自矛盾寫的小說《子夜》。我都不知道，小說中的老闆到底是怎樣炒股把自己炒破產的？因為小說裡沒有交代。小說裡只是提到他把自己的女兒送給股票大亨，期待得到一些內線消息。

1987 年美國發生股災的時候。我們在中國也關注到這個新聞。可是當時我最疑惑的就是，股市到底是怎麼消滅財富的？股票下跌，憑什麼財富就消失了呢？股票不是和賭場一樣，是互相買賣籌碼的地方麼？有人掙錢有人賠錢，無非就是從一個口袋裡轉到了另外一個口袋裡，是個零和遊戲。憑什麼就說股票下跌了，社會的財富消失了呢？應該社會的總財富沒有改變才對。

　　對於這個問題，當時我百思不得其解。應該說，1987 年的時候，我問遍了所有我當時認識的成年人，沒有一個人能給我一個令人信服的答案。這個問題直到十幾年之後我到了美國，學習了證券和經濟學之後，才知道為什麼股票下跌的的確確是憑空消滅了財富。

　　因為早期進入股市的人都掙了錢，所以吸引著更多的人進來。我那個同學從家鄉借了幾萬元炒股，很快就掙到了幾十萬，然後又從家鄉搬來了更多的錢炒股。幾十萬在當時對我來說是天文數字。那個時代快速變化的財富數字讓我有些頭暈目眩。因為在記憶中，僅僅是幾年前，我還為五分錢而犯愁。

　　於是我也想能不能用我這 1000 元，也掙上幾萬元？我每天研究上海證券報，尋找股市黑馬。20 世紀 90 年代初，股票盛行的時候，解放前前幾十年不用的術語又被翻了出來。我知道什麼叫作踩空？什麼叫作多頭？什麼叫作空頭？什麼叫作割肉？什麼叫作抬轎子？

　　每天中午 12 點廣播股評的時候，股評人總是把股市評論得像兩軍交戰一樣的熱鬧。寢室裡一群人圍著一個十波段收音機聽股評，那感覺像聽評書。比如股評專家會說今天幾點幾分的時候，多頭入場，紅軍打敗綠軍。評書聽著精彩，幾乎所有的人都不會去看一個公司的財務報表，因為也看不懂。大家基本上都是跟風和憑想像用真金白銀去賭博。

　　這個現象幾十年後在美國依然如此。你會發現很多沒有受過任何訓練的人，甚至連一個公司的財務報表也看不懂的人，從來沒有管理過公司也不知道公司是怎麼運作的人，每天追漲殺跌，把股市當賭場，認為自己可以通過炒股而掙錢。

　　後來我在美國讀到一本書叫作《Market Wizard》。這是一本訪談的書，作者訪談了十幾個短線炒股和炒期貨掙錢的人，讓他們總結自己金融投資的經驗。這本暢銷書有一條給試圖通過短線炒股掙錢的新手忠告。這個忠告就是："如果你熱愛炒股和短線投資，最好在你很窮的時候開始炒"。反正大概率事件是血本無歸，因為你很窮，你不可能損失很多，但可以積累很好的經驗。

會走路的錢

我當時沒有讀這本書，並不知道炒股到底是怎麼回事。我只是看著別人掙錢，自己也想掙錢。我興致盎然地去證券市場開了帳戶。證券市場裡人山人海，擠都擠不進去。裡面的人就把錢當手紙一樣，都是一摞一摞地拍在櫃檯上。

我怯生生地拿出我這微不足道的 1000 元，10 張票子，遞給櫃檯上的工作人員，讓他們幫我開一個帳戶。工作人員輕蔑地看了我一眼，似乎在說這點錢你還好意思拿出來炒股？

不過當時我已經不是 13 歲的時候臉皮那麼薄了。我心裡想著，別瞧不起人，還不一定最後誰掙錢呢？當時交易大廳裡頭有一個大螢幕。所有人都對著這個大螢幕，像傻瓜一樣昂著頭在看價格變化。我開戶那天，大盤指數剛剛下跌了 5%左右。根據以前的經驗，每一次的回檔都意味著下一輪更猛烈的上漲。

站在我邊上的是一個看上去很老道的中年人。我就和他套近乎，問他是看漲還是看跌？他說他不確定。我還不屑地跟他說："這有什麼不確定的，你看看之前十幾次，每一次下跌 5%~10%，後面馬上就會再漲個 30%-50%。既然歷史是這樣，未來也應該這樣啊，有什麼道理讓未來突然變得跟以前不一樣了呢？"我的神奇理論一下子讓他愣住了。

我接著說"這道理就像黃浦江的水。你看黃浦江的浪，打過來退下去再打過來，退下去。如果過去半年一直是這樣，當然就會永遠這樣了。"那個中年人笑而不語，他只是說"不一定，不確定"。

我帶著滿腔的自信離開了他。開戶的當天，我全倉殺入，買進氯鹼化工。氯鹼化工是一個什麼企業其實我一無所知。我只知道當下大量的物資奇缺，而生產這些物資，無論是建築工地上的、還是工廠裡的、還是生活必需品都需要大量的化工原材料。這些原材料不會像洗衣機、冰箱這些東西，大家都喜歡買進口貨，必須是國產的，所以買氯鹼化工肯定不會錯。

我的另外一個同學，也是抱著樸素的心態買股票。他買入的是輪胎股票。他每天跟我們吹他的英明決策。他說你看看我們中國汽車普及率這麼低，以後要變成發達國家大概有多少汽車？要生產多少輪胎呀？發動機要進口，輪胎肯定要國產。所以買輪胎肯定不會錯。

今天看來這些想法，幼稚而可笑。即使化工行業、汽車行業都要發展，也不見得就輪得上你的那個公司獲得發展。一個公司經營有各種各樣的風險。公司的未來取決於政策、團隊、市場、金融各方面的綜合因素。你兩眼一抹黑憑什麼就肯定這個公司是有希望的呢？即使這個公司會發展，你又怎麼知道當下的估價是合理的呢？

我有的時候看網友們炒股，感覺大部分人也是抱著和我們當時一樣的資訊框架在炒股。只是題材換了一下，名詞換了一下。大家覺得電動汽車有希望，所以就買入特斯拉，大家覺得人工智慧和 VR 是未來就買入相應的獨角獸。

股市最神奇的一件事情就是，等你買入某個股份之後，它就開始下跌了。你買之前它永遠是在上漲，好像一切都是針對著你來的。

我買入的氯鹼化工也不能例外。在後面很長時間裡，我都是堅定的持有者，不願意賣出割肉。因為那每一分錢都是我辛辛苦苦掙來的血汗錢，我怎麼捨得割肉呢？不割肉的後果就是越陷越深。從 1000 元跌到 900 元，然後變到 800 元，最後變到只值 500 元人民幣。

當後面更嚴重的股災發生的時候，價格繼續下跌，我已經懶得再去看它的價格到底是多少了。我的第一次股票經歷基本上就是這樣，非常符合炒股經典案例。首先是信心滿滿入場，覺得自己明天就可以翻翻掙錢；然後是安慰自己，這只是市場小的波動，還會漲回來的；接著是否認現實，不再看市場價格；最後慘跌超過 50%之後，就開始找外部原因，有誰害了我？都是那幫證券公司的錯，都是政府的錯，壓根兒就不應該有什麼股市，都是騙子。

我倒沒有那麼憤世嫉俗地去搞遊行示威。不過我和所有股市被套牢的人一樣，就是我從來沒有把我的虧損告訴任何人。我不能告訴我的母親，那樣會讓她心臟病發作。我不能告訴我的女朋友，那樣會被她嚴重地鄙視。我甚至不想告訴我炒股的同學，因為他們也總是報喜不報憂。股市裡只有勝利者，沒有失敗者。因為只有勝利者會誇誇其談，失敗者都默默無語。

05 培養費

　　我的第一筆證券投資就這樣打了水漂。給我最大的好處就是不用太大的代價，買了一個深刻的教訓。那代價今天看來不大，但在當時也是我一年的積蓄，所以心理上的烙印還是很深刻的。既然一夜暴富的夢想沒有實現，我還是老老實實存錢過日子吧。我依舊把 1/3 的收入儲存起來。錢就像水庫裡的水，只要河流不乾涸，都會慢慢存起來的。很快我的水庫又有了 1000 元人民幣。

　　研究生畢業之後，我依然沒有想出國。這 1000 元存款幫我實現了比較平穩的畢業過渡。很多人一畢業需要找親友借錢安頓生活。因為從畢業離校到第一個月的工資發下來還有一段空檔。我沒有這樣的問題。我用存款把房子租好，把家用的必需品買好，開始我的第一份工作和生活。

　　90 年代中期的中國是一個收入飛快增長的時期。我大學畢業的時候，大部分人的工資是 100 元人民幣。等到我研究生畢業的時候，大部分人的工資已經超過 1000 元了。我第一份工作的基本工資是 1500 元，加上獎金和一些績效的提成，每個月大概有 2000-3000 元的收入。

　　不過我依舊保持習慣。把 1/3 的錢存起來。我並不知道存錢是為了什麼？我並沒有打算結婚，也沒有打算存錢買房子買車。只是那個時候存錢已經變成了我生活中的一種常態和習慣。手上稍微有一點錢的時候，會讓我感到安全一點，避免有什麼風吹草動的事情發生，就要去找人借錢的尷尬。

　　當時上海的房價對我來說還是天文數字。我印象中，徐家匯當時的房子價格在 5000 元每平米。所以我工作一個月不吃不喝也只能買半個平米。如果想買一個 100 平米的住房，那需要不吃不喝 300 個月。這是一件不可能的事情。既然不可能，我也不用多想。當時每個月的生活費，大約在 1000 元左右。住房大概是 300 元，吃飯 300 元，還有一些 300 元左右的零用開支。

　　一個偶然的機會，我一個大學老師問我，願不願意去新加坡留學？我說我沒有考 GRE，也沒有考託福，不過我英語還不錯，如果不用考試就可以出國去看一看當然是好的。那個老師很快幫我聯繫好，新加坡的這個大學給我的獎學金是 1500 新元每個月。我還是很高興的，因為折算下來大概有 9000 元人民幣每個月。

實話實說，回想我們這代人出國，並沒有那麼多高尚的理由。當然我們好奇想去看更廣闊的世界、去接觸新的知識。但是對於 90 年代出國的人，很大部分的動力，還是經濟因素。可以不客氣地說，我們都是經濟移民。這其實沒有什麼值得遮遮掩掩的。我們可以坦誠地告訴我們的下一代，我們當年出國就是為了更好的生活。美國或者其他發達國家工資收入更高，生活環境更好。所以在我們年輕的時候，選擇了出國這一條路。當然我不排除，還有一些其他方面的原因，比如說，更大的自由空間，更多的自我實現。經濟因素是一個非常樸素、簡單的出國理由。如果沒有經濟差異的因素，20 世紀 80、90 年代的中國不會出現那麼瘋狂的出國熱。

出國留學第一大困難就是需要錢的投入。因為我剛畢業不久，所以要交給國家教委"教育培養費"。我讀了四年本科、兩年半研究生，所以我總共要退還 15,000 元人民幣的教育培養費。更為不幸的是，我當時畢業工作的時候，我們學校找我的工作單位已經收取了 15,000 元的培養費。

大學找工作單位要培養費，當時不是一個明文合法的事情。可是很多大學都這麼做，特別是熱門緊俏專業，不然學校不給你轉人事關係。我畢業後僅僅工作了半年，單位領導當然不願意了。單位領導說，你要走可以，但至少要把培養費退給單位。

我於是找到大學，我說我要出國，單位不同意我走，要我走的話必須把學校收的培養費退給單位。大學當然抹下臉對我說，培養費我們只收不退。

我說我只被培養了一遍，你們不可以這樣不講道理。國家教委找我收一筆教育培養費，你們大學又找我收一筆培養費。畢竟我只被培養了一遍，憑什麼兩邊都找我收這筆錢。

當然，你和機關領導是說不通的。每個人只是按照流程辦事，完全不講道理。我不敢得罪我的工作單位領導。因為我得罪了他，他不同意我出國，我一點辦法都沒有。我的所有人事關係都扣在他手上，他不出介紹信，我辦不出護照。

但是我不怕得罪大學畢業生分配辦公室的人，因為我已經畢業了。既然他們不講理，我也只能要無賴。於是我開始了漫長的軟磨硬泡過程。每天畢業辦公室的人上班我也就跟著上班。我就坐在畢業辦公室主管的對面開始跟她聊天。可能對方是個老太太，我是個小夥子，所以她並不是特別反感和我聊天，沒有用暴力驅趕我。於是我們就聊家常，從天氣到養生，再到各種八卦。有時畢業生進來要辦事，還以為我是工作人員。再往後，乾脆我幫她幹點兒活。什麼複印跑腿的事情，我就幫她代勞了。這樣一來二去，她和我建立了比較好的溝通基礎。至少不是冷冰冰的公事公辦，她會從我的角度，考慮我的難處和不公。

另外，學校的這筆收費的確不合理。第二個星期的時候，她終於受不了了，決定向她的主管領導去請示一下。請示的時候還是幫我美言了幾句。所以主管就留下一句話，說你把教委的教育培養費的收據給我們，我們就把這筆培養費退回你原單位。

這件事情基本上得到了比較好地解決。當然也給我上了一課，我學到了兩個經驗。一個是沒有辦不成的事情，主要看你有多大的決心。大部分人內心深處是講道理的，人心都是肉長的。你用時間和感情，會激發他們同情心。另外一件事情就是性別在我們工作和生活中的微妙作用。如果當時辦事的人不是個老太太，而是一個大叔。估計他幾句就會和我吵起來，然後派保安把我暴力架出去。

異性之間的溝通在我們生活中有很多隱藏的不為人知的力量。為此，我後來還專門寫了一個調侃的博客叫作"調情的藝術"，見第十五章，因為內容和那裡更貼合。平時生活中我們可以多留意用兩性的微妙力量來幫助自己。俗話說，男女搭配，幹活不累，差不多就是這個意思。

06 赴美準備

當我來到新加坡的時候，我又是幾乎身無分文。我所有的存款都被用去交培養費了。剩下的一些獎金和績效提成，用來買機票。我是在一片夜色中進的新加坡，當時感覺國外好極了，熱帶植被很茂密，空氣很清新。

　　不過一開始辦入學又不順利。新加坡大學的學生註冊辦公室需要我的大學成績單。我給他畢業證書原件，他說不行，要看到英文版的成績單。否則辦不了入學手續。無法入學，我就沒有辦法拿到獎學金，而我幾乎是兩手空空來到的新加坡。錢又開始變成一件讓我犯愁的事情。

　　我只能趕緊打電話給國內大學同學，請他去幫我辦成績單。當時的電話費很貴，對方幾乎沒有機會回答我的話，我就在一片慌亂中把我的需求說完了。因為手上沒錢，讓我又只能硬著頭皮找師兄借錢。因為生活費還是需要的，住宿費還是需要的，我總不能不吃飯。

　　借錢的滋味不好受，這樣又給我上了一課，就是一定要存錢。年輕的時候你覺得做很多事情都很難。因為你不停地在變動，每一個官僚機構，每個部門，處處給你找各種麻煩，設各種各樣的門檻。另外一方面你可以動用的資源又非常有限。你的收入很低，又老搬家，你需要應對各種不確定帶來的額外開支。不過好在當時年輕，年輕最好的就是朝氣蓬勃，充滿精力。一切煩惱睡了一覺之後，都會煙消雲散。自己永遠對未來充滿美好的夢想。

　　隔了兩個月，終於辦好入學手續。我拿到獎學金，還了借款，生活安定下來之後，我發現大家都在忙著申請美國的大學。我的同學們，特別是從中國大陸來的同學們，大部分都是申請美國沒有成功而選擇到新加坡的。這點和我很不一樣，我從來沒有想過去美國。

　　不過既然大家都在準備申請美國，我也不可避免地被卷到這個漩渦裡。於是我也開始準備 GRE 和託福。這個時候的我，比以前的財力稍微好了一些，我可以負擔得起這些考試的基本費用。我的考試成績還是非常理想的，GRE 和託福都幾乎考了滿分。考試成績出來的時候，我師兄對我說，你應該請一桌子人吃飯慶祝一下才對。我沒心情慶祝，倒是有些懊悔，早知道 GRE 這麼容易，我應該本科就準備出國了，不至於轉這麼大一個圈子，浪費了這麼多年的時間。其實當時在中國，我相信有很多英語比我更好的人，更聰明的人，但是出於經濟上的原因，讓他們沒有辦法選擇出國這條路。

　　我在新加坡的生活費我印象中差不多是 1000 新元（合 600 美元）一個月。其中 400 新元用來租房，剩下來的是吃飯和零用。存下來的錢，幾乎全部用來準備申請美國。當時對我來說，每個大學的申請費用都不低。另外郵寄材料需要一些錢。我去當地的銀行辦美元銀行本票，附在申請材料上一起寄往美國。這些銀行本票當時如果在中國辦是非常困難的，而且手續費昂貴，在新加坡相對容易一些。

我在新加坡沒有待很久，等我拿到美國大學的錄取通知書和簽證之後，我就退學離開了新加坡，回到中國。我陪我母親生活了一個月的時間，然後就準備行裝，趕往美國了。母親這個時候已經退休，退休工資不高，所以她的生活還像以前一樣的節省。我看她用的還是一個雙缸洗衣機，就是要把衣服從這個缸裡拎出來，洗完之後放到另外一個缸裡去甩幹。於是我給她買了一個新的全自動洗衣機，花了 1600 元人民幣，算是我高中畢業，離家之後給她買的第一個大的家用電器。

我另外零零星星地買了一些東西，準備我的出國行囊。當時出國有人甚至行李裡面帶上燒飯的鍋、炒菜的鏟子。我倒是沒有那麼誇張，只是給自己準備了一個小小的旅行箱。母親陪我去買了一身西裝。那個時候可能國外的電影看多了，總覺得歐美發達國家每天都在穿西裝。當時全套的西裝是 1500 元，算是母親送給我出國的禮物。

等我買好機票，收拾完行裝之後，我幾乎再次一貧如洗，囊中空空。我口袋裡只有 200 美元，就踏上了去美國的航班。可是我沒有什麼緊張和擔心的。雖然我現在一窮二白，但是不要緊，我年輕，我有精力，我有自律的習慣和艱苦奮鬥的精神。因為當時我讀過的幾乎所有的故事都告訴我，美國是個激勵人奮發向上的自由土地，只要你聰明且勤勞就能幹一番事業。我要到這片新的土地上生活、生長、生兒、育女，大展宏圖，開創自己未來的人生。

當時我完全沒意識到，其實我自己身上非常有價值的一點，就是已經養成的良好的消費習慣，和在貧窮生活經歷中形成的節儉勤勞的美德。

第三章 從 0 到 1 萬美元

01 老中的理財經

到機場來接我的同學是一個姓宣的北京人。他父母是北京某大學的老師，家境不錯。老宣人曬得黑黑的，猛地一看，挺有美國華僑的范兒。我看到他的時候就想，是不是過幾年自己也會變得一樣的黑。當時是互聯網泡沫漸漸形成的時候，高科技產業正如日中天。他一邊開車，一邊意氣風發地跟我說他在美國的好日子。

老宣比我早兩年來到美國，但已經開上了自己的新車。這還不是他的第一輛車，而是他的第二輛車。車還是小意思，關鍵是他馬上就電腦工程專業碩士畢業了，現在在一個叫作 Lucent 的網路公司實習。一方面掙著 Lucent 的工資，一方面在學校上學。而且畢業了不用找工作，Lucent 原則上已經錄用了他，年薪 6 萬美元。

說完這個，他吹著口哨說自己還沒想好是否去 Lucent 工作，因為就業市場實在太好了。他最近幾次去外州面試工作，應聘單位都是專門派加長的林肯 Limousine 到機場來接他。那個時候不是你找工作的問題，而是高科技公司搶著招人的問題。Limousine 這樣的詞彙對我來說還是一個新鮮名詞，聽他解釋之後我才大概想明白。90 年代的上海，我似乎只在"臺灣城"的門口見過 Limousine。當時我還好奇，這麼長的車,底盤是怎麼靠應力處理做到的。

從機場到學校的路很長，要一個多小時。老宣講完他的美好生活，就開始給我上第一節美國理財課。應該說這幾十分鐘的理財課讓我獲益匪淺。幾十年後的今天，當我回憶往事的時候，我除了非常感謝他在我絕望之際來接我之外，還有的就是他給我上的幾十分鐘的理財課。這個理財課讓我後來沒有犯財務管理的錯誤。我也不知道他的這些經驗是從哪裡來的，可能是一代一代的中國學生口口相傳下來的。他的理財經，每一條簡直都是金科玉律，值得背誦下來，代代相傳。

老宣語重心長地告訴我，在美國管理個人財務，一定要做好這幾件事：

第一，要積攢自己的信用記錄，提高和保持自己的信用分數。我需要儘快去辦一個信用卡，然後每個月按時付帳單。我問"我沒有信用分數怎麼能辦理信用卡？"他說你可以在自己的開戶銀行申請。開戶銀行看你每個月有固定收入之後，通常會批復給你一個小額度的信用卡。最開始可能只有500美元或者 1000 美元的信用額度。你用了一陣子之後，按時付款，銀行就會慢慢幫你提高信用額。再過一兩年，當你信用分數超過700之後，你就需要找一個給你 Cash back 或者其他福利更高的信用卡。然後你保持只用這一個信用卡，不要開更多的信用卡。信用卡一定要按時滿額付清，不要欠款。一旦欠款就會利滾利，越滾越多。不要讓銀行賺走任何一分錢。如果哪天實在忘了按時付款，記得趕緊打電話給銀行解釋，不要留下不良記錄。

第二，他告訴我，買車最好買一輛五年新的日本二手車。美國沒有車是不行的，就像人沒有腿，你會寸步難行。五年新的二手車有幾個好處：首先它們比較可靠，所以維修成本比較低；另外因為是五年新的車，你不用買全保的保險，只需要買協力廠商責任險，所以你的保險會便宜一半；此外日本車一般比較省油。歐洲車雖然品質更好，可是系統太複雜，維修成本比較高。美國車安全性能也許更好，結實抗撞，但是車重油耗高也經常容易壞。買日系二手車最重要的好處還有一條，就是這些車很保值。你開幾年之後，折舊相對比較慢，殘值會比較高。

聽到這裡，我忍不住問他，你為啥開新車呢？他不好意思地笑笑，說這不是生活好了麼？他太太今年已經在高科技公司上班了。兩個人一起工作，加一起兩個月的收入就可以買一輛車。自己就想享受一下。因為日本車殘值高，所以自己上一輛二手車開了兩年，賣出的時候，也只比當初買入的價格折舊了 1000 美元。

　　第三條，他告訴我美國各種人工費用很高。所以自己手腳要勤快，能自己做的事情不要請別人做。比如修車、換機油、換剎車片、換汽車電池呀這些事。房子雖然是租的，房屋維修按理應該房東負責。但是小事情最好自己去修理，這樣房東會在房租上給你一些優惠。比如下水道堵了，馬桶壞了，門把手壞了，這些小事情儘量自己修，然後給房東報備。每年漲房租的時候，房東會記得優良房客的好處。

　　第四條，美國金融體系發達，購買什麼你都可以貸款。賣家願意給你貸款，這樣讓你能夠買得起。貸款讓一筆大的消費，分散成每個月的支出。這樣看起來，好像每月的費用沒有增加多少。事實上，這是非常坑人的。因為這些貸款造成了超前消費，讓你消費了你本來應該無力消費的東西。最好的策略就是，除了房貸不要有車貸和任何的消費貸款。永遠做到現金買車，貸款買房。除了房貸，其他什麼貸款，無論是信用卡貸款，還是消費貸款和學生貸款，都不要有。

　　第五，美國最賺錢的行業就是律師和醫生。所以有事沒事，千萬離律師和醫生遠一點，不要陷入各種官司和不良生活習慣。美國是一個你可以找法庭告任何人，也可以任何人告你的國家。大家告來告去，其實很難得到什麼好處，最後肥了的都是律師。身體是革命的本錢，一旦生病，各種費用都會比較高，所以平時要保持健康的飲食和積極鍛煉身體。

　　我當時剛從飛機上下來，還在倒時差，對美國的生活是兩眼一抹黑，聽他的話似懂非懂。但是他嚴肅認真語重心長的樣子，讓我幾乎是用背誦的方式記住了他的諄諄教誨。他不介意跑了這麼遠的路來接我一個陌生人，可見是一個熱心腸的好人。好人的建議多記住點應該不會有錯。

　　後面老宣又絮絮叨叨地說了其他很多事情。有一條我記得的是他說美國是一個資本主義國家，所以最重要的就是擁有資本。他還舉了一個例子，給我深刻的印象。他說我拿了個 Lucent 的錄用函(job offer) 每年 6 萬美元，咱們可能感覺不錯。可是那些在微軟工作的工程師們，壓根兒不在乎他們的工資收入是多少。工作收入只是他們的零花錢。他們財富的大頭是股票。高科技

會走路的錢

公司都會給員工一些股票。你到美國，一定要學會怎麼投資。不能只存錢，股票市場才是財富增長的地方。

我幾年前有過中國股市的深刻教訓，還處於談股色變的階段。對他這句話有些將信將疑，權且聽一聽。應該說，他的五條理財真經都是非常有用的，條條經典。我後來在美國看到很多人不會過日子，無論是中國人還是美國人，很多時候就是違背了上面五條真經中的一條或者多條。

比如開一個五年新的日本二手車，是一個典型苦哈哈的中產階級苦逼相，一點都不酷，也不拉風。所以你可以看到，很多年輕人，他們沒有什麼錢，但卻超前消費去買寶馬、甲殼蟲這樣的車。其實最後受傷害的是他們自己的口袋和生活的自由。美國低收入人群尤其喜歡開性價比差的車。汽車廠商花了那麼多錢做廣告，讓你產生錯覺，似乎某些品牌的汽車代表著一種文化、一種個性、一種社會階層。

其實汽車只是一個代步工具，作為代步工具最重要的是性價比。性價比可以用公里油耗、安全測評、折舊率數字指標表達出來的。汽車其實和個性文化沒有關係。就好像香煙，香煙只是一種害你上癮的毒品。你關心的是裡面讓你欲仙欲死的尼古丁的含量。可是萬寶路的廣告宣傳，讓你感覺要做有個性的西部牛仔，就應該抽萬寶路一樣。類似的例子實在太多，無論是女人用的挎包，還是男人喝的啤酒，商家都通過宣傳讓你把單純的消費和某種文化特徵聯繫到一起。其實喝啤酒只會讓你肚子變大，和英俊瀟灑毫不相干。消費者大多數時候，都是被誘惑驅趕的羊群。要克服這個問題，最好的辦法就是獨立思考。要特立獨行，不要跟著媒體宣傳隨波逐流。

在中國，特別是在城市生活的中產階級是可以 afford 四體不勤的生活習慣的，因為中國人工費很便宜。可是很多華人，即使是男生，也把這種四體不勤的生活習慣帶到了美國。仿佛他們生下來到這個世界上就應該像五星級飯店裡的客人，從來不肯動手修理自己的車和房子。這些都增加了自己的生活成本。

老宣這一路汽車上給我上的理財真經，之後我再也沒有從其他地方聽到過。總的來說，英美文化裡對錢相關的事情是很隱私的。大家既不談如何花錢，也不談彼此各自掙了多少錢，更不要說大家都是怎麼管理自己的錢了。這位老宣那些經驗之談應該是之前的老中告訴他的。可是之前老中的經驗之談又是從哪裡來的呢？也許是我們生活在美國的華人，無論是臺灣人還是香港人，從 60、70 年代一路積累下的，代代相傳的生活經驗。

我非常感謝這些不知名的前輩們。這幾條簡單的道理，比書本上那些長篇累牘的大知識要實用和重要得多。美國是一個民族的大熔爐，全世界的人民紛至遝來。有的族裔能夠相對經濟上比較成功，有的族裔經濟上一直相對困難，這往往和他們的文化有關。大部分勤勞、節儉的民族日子都不錯，好吃懶做，超前消費，不擅長未雨綢繆的民族過得都不咋地。再具體一點，就是在花錢和財富管理這些事情上，日子過得好壞和能否遵循老宣的這些簡單的生活道理有一定的關係。

02 窮學生的日子

經過老宣同志的一番鼓勵，我對自己的就業前途和生活遠景充滿信心。那個時候正是網路泡沫的最高峰，只要一工作，就有一份像樣的工資可以掙。當時在我眼裡那已經是很高的工資，6 萬美元的年薪，比中國的收入差不多高了 20 倍，按照老宣的說法，也只是零用錢而已。通過公司的股票或者期權，還有更多財富可以掙。榜樣的力量是無窮的。當時大量的中國人轉入了高科技領域工作，因為我們中國人的數理化基礎比較好。哪怕是個拉小提琴的文科生，撿起程式設計的課程學學就會了。後來知道，連李安這樣的大牌導演，在年輕的時候，也一再猶豫過是否轉行寫程式。

未來很美好，可眼下的生活還是很骨感。仰望星空的同時，每天都需要腳踩大地。錢是當時我面臨的非常實際的問題。我帶來的 200 美元，在買了一些基本的生活用品、鍋碗瓢盆、床鋪枕頭之後，基本所剩無幾。老宣很幫忙，看得出我剛從國內來沒有什麼錢，所以沒找我要第一個月的房租和押金。公寓是分租(Sublease)給我的，所以本質上他是幫我付了押金和第一個月的房租。他說不著急，等你們獎學金發下來之後再還我。我還和他客氣了一番。他說沒事的，我們中國人都是這樣幫忙過來的，以後你再這樣幫助其他人就可以了。

可即使這樣，我第一個月的生活費也只剩下 50 美元不到了。男子漢大丈夫，找別人借錢是一件很羞愧的事情。我得想辦法，堅持第一個月熬過去。很快有其他的中國同學，週末的時候帶我們去超市買菜。這個城市中國人不多。大家都很親切地互相幫助著，因為整個城市只有 50 多個中國人。大家在超市和學校見到一個中國人都會親切地打招呼聊上幾句。早來的一些中國留學生，特別是已經有了車的那些高年級同學們，會主動帶新生去購物和辦理一些手續。當時我們開了半個小時的路，去一個華人開的亞洲超市，買一些食物。

轉了一大圈，我除了豆腐，大米和一些比較便宜的沒什麼肉的大肉骨頭之外，基本上其他什麼都沒有買。連 50 美分一瓶的醬油，我都沒捨得買。我想有鹽就應該夠了。因為手上的錢實在不夠了。

第一個月生活的窘迫，真是節省到每一分錢。當時手機還沒有普及，大家用得最多的是投幣電話。投幣電話每打一次要 25 美分，正好一個 25 美分硬幣(Quarter)。我給另外一個中國學生打電話，約他帶我去移民局辦理社會安全號碼。我對美國的電話系統還不熟悉。四聲長聲之後，電話留言機錄音一跳出來，我的 25 美分，咯噔一下就不見了。我這樣打了兩次電話，也沒找到他本人，我的一瓶醬油就沒有了，讓我心疼了好一陣子。那個投幣電話硬幣墜落的咯噔聲和後來第一次去拉斯維加斯聽到的老虎機的硬幣聲一樣，都讓人難以忘記。至此之後，我學會了聽到長聲三聲，對方還沒接，我就趕緊掛電話的技巧。

應該說，20 世紀 90 年代末是中國留學生在美國生活習慣轉折的一個分水嶺。在我之前來的中國留學生們，無論是有學校獎學金資助的，還是沒有學校的資助，都是清一色地去餐館打工。哪怕你有全獎，週末也會抑制不住到餐館幹幾天。因為那個時候中國太窮了，在餐館打工一天掙的錢就頂國內一個月的工資。

　　所以，無論是學富五門的訪問學者、博士後，還是初出茅廬的高中畢業生，到了美國，第一件事就是找中餐館打工。他們需要攢錢，給國內的親戚朋友們購買冰箱、洗衣機這些家電商品。也是因為海外華人能夠買這些東西，國內那些有海外關係的人才會變得有面子。

　　而 90 年代末我來的時候，中國人開始漸漸出現有獎學金資助的學生們不再打工的情景。我自己就從來沒有去餐館打過一天工。主要原因是國內變得富裕了一些。兩地差異沒有那麼大了，家用電器也基本國產化了，大家不再需要海外親戚購買這些東西。

　　當時我雖然覺得自己很窮，可是現在回想一下，比同時期看上去比我富裕的美國學生可能要稍好一些。儘管我身無分文，可是我也沒有欠下任何學生貸款。很多看起來比我瀟灑有錢的美國學生，讀本科的時候已經欠了一屁股債。而我連國內大學的培養費都靠自己的力量還清了，恩怨兩斷。我可以驕傲地說我所有的學費都是自己掙的。不過，當時我對美國學生的經濟狀況，特別是他們的負債情況不瞭解，覺得自己是美國社會最底層的赤貧階層。其實一文不名的我，比欠了幾萬美元的人更富有。

　　覺得自己是赤貧階層的心態，可能對於以後都有很大的幫助。在美國你能看到很多中低收入階層的普通人，卻忙著買 LV 包和進口車來裝飾自己，來顯示自己的身份。比如在灣區，中位數的家庭年薪收入在 15 萬美元左右。可是很多年收入不足 10 萬美元的家庭，卻非要把自己裝飾得像富裕的中產階級家庭一樣，生怕被他人看不起。

　　那個接我的老宣，後來熟悉起來之後，和我說了他剛到美國時候的悲慘故事。他來美國的時候，什麼資助都沒有，是按照 F2 探親簽證跟著他愛人一起來的。到美國之後，他很快就申請到了學校的入學資格。不過每學期需要攢錢交學費，因為作為外國人，沒人給他貸款。一個大男人，當然不能忍受靠老婆的獎學金資助過日子的生活，所以他就一頭紮進了中餐館，從勤雜工(Busboy)到服務生(Waiter)昏天黑地地幹了起來。每天累得回到家裡一動都不想動，腳腫得鞋子都穿不進去。

會走路的錢

有一個下雪天，他從中餐館下了班回家。因為天黑路滑，他一個跟頭紮在雪堆裡，半天爬不起來。他說他幾乎在雪堆裡哭了有十幾分鐘，覺得自己乾脆一頭撞死算了。因為以前他在國內的時候，無論怎麼樣也是城市的中產階級家庭出身，父母都是北京名牌大學的教授，沒有吃過這樣的苦。聽他描述他曾經的艱苦，我覺得我那 50 美分一瓶醬油的拮据，根本不是什麼事兒。前途是光明的，眼下這些困難都不是事兒。

我在美國頭半年的生活用品，相當一部分來自救世軍(Salvation army)。我的第一輛自行車是和另外一個同學一起買的。半新的兩輛自行車加在一起10 美元。有了自行車，我們就可以去逛庭院出售(Yard sale)。吃飯的碗、檯燈、廚房用品、鏡框、筆記本、滑冰鞋這些東西似乎都是用一美元、兩美元從庭院出售（Yard sale）和救世軍(Salvation army) 買來的。有些東西用了十幾年還沒有壞。

我喜歡逛庭院出售和救世軍的習慣持續了很多年。即使後來我們家庭收入一年有 15 萬美元。到週末的時候，還是喜歡去庭院出售上看看，當然那個時候已經很少在庭院出售買東西了。一方面是去尋找一些懷舊的感覺。更多的時候，是提醒自己少買東西。看一些老人去世之後的整家售(Estate Sale)的時候，你經常會感慨一個人的一生怎麼可以積攢那麼多完全無用的東西，堆積成山的破爛。這個時候就會不斷提醒和告誡自己，除非是真正有用的東西，盡量不要輕易購買東西。否則最後你的家最終就會變成一個堆滿破爛的大倉庫。

這個習慣在我寫這本書的時候又被加強了一下。我給自己立下一個約束：就是每買進一樣東西，無論是什麼東西，家裡必須扔掉一個同樣大小的東西。比如我買進一件衣服，必須清理出去一件衣服。買進一件傢俱，必須家裡也要清理出去一件傢俱。這樣一方面可以保持家裡寬敞和輕鬆的生活環境。另外一方面，可以抑制自己的的"衝動型"消費。很多消費如果仔細分析，其實都是因為你在享受購買和擁有的那一刻心情，而需求本身是被想像出來的。女士們你真的需要那麼多鞋、那麼多衣服嗎？男士們，你們真的需要那麼多電子設備嗎？廚房真的需要那麼多用具麼？仔細看看，你們家裡有多少東西十幾年都沒有碰一下了？

03 獎學金生死線

來美的第一學期我擔任一門本科專業課的教學助理 TA(Teaching Assistant)。可能是我 GRE 和託福分數比較高，讓學校覺得我即使沒有美國的生活經歷，也可以勝任這個角色。我的導師是一個叫邁克(Michael)的中年人,是一個典型的美國人，一個熱情開朗充滿陽光的人。不過他對自己的工作卻不是特別努力,工作雖然一絲不苟,但是按時下班回家,一到週末連他影子你都找不到。

可是我對自己的口語不甚滿意。我怕對不起他對我的期待，所以工作得格外努力。每次上答疑課，我會把所有的作業在黑板上講解一遍完整的過程。其他助教的答疑課，總是零零星星地來幾個學生。我的答疑課經常來十幾個學生，有時甚至超過一半。因為跟著我做作業，比他們自己做作業要快一點。

那個時候還沒有流行用 PPT 講課。每次上課之前，我會先到教室，問一下邁克是否有什麼公式需要提前寫在黑板上。其實我也知道他並不介意自己一邊上課一邊寫那些公式。但是我想額外的認真態度總是好的。每次下課之後我都會在教室裡多逗留一段時間，直到最後一個同學走。這樣有什麼問題我可以迅速幫他們解答。也許是我的努力和用心，同學們對我的評價一直很好，邁克對我的工作也很滿意。

這些努力一方面是我想把這份工作做好。每個人大多數時候，都渴望獲得周圍人對自己的認可。而這些認可又會促進他進一步的努力工作和額外的付出。一旦進入正回饋，一切都變得順利而容易。

但是這些努力最開始的動力，並不完全是熱愛學習。其實很大一部分來自財務的壓力。我不得不把這個工作做好，因為我需要建立自己良好的口碑。學校給我的 TA 位置，只支持我一年。第二年，我必須得找到一個研究助理 RA (Research Assistant) 的工作。有了資助，才能支付我的學費和生活費。

如果失去了學校的資助，我沒有錢註冊足夠多的學分，就沒有辦法保持自己合法的 F1 留學身份，我就不得不退學。

在美國退學和在中國退學可不一樣。因為我是學生簽證身份，一旦退學就必須離開美國。所以找到研究助理的工作對於其他美國人而言，可能是改善經濟狀況，可有可無。對我卻是生死攸關，必須全力以赴的重要事情。

邁克在第二學期一開學，告訴我另外一個學院有一個研究助理的位置在招人。我毫不猶豫就決定去申請這個位置。很多博士生在申請研究助理的時候，會想著和他們的研究興趣是否一致，以及研究助理的工作是否能對他們博士論文有所幫助。我沒有這樣的奢侈條件，有奶就是娘。因為研究助理和全額資助對我來說是像呼吸一樣的重要，一口氣都不能斷。

那天導師面試的時候，很多學生都是拿著自己的簡歷去應聘的。我去之前，把這個教授要做的研究內容弄明白之後，花了一個星期的時間，把整個實驗室的改造方案用圖紙畫了出來，然後把相應實驗室改造實施計畫、預算、日期安排列印出來裝訂好。面試的時候，幾句話介紹完我自己，我就把這些材料在她桌子上一放。

這位教授幾乎沒有問我任何簡歷上的問題。而是花了一個多小時和我討論我寫的實驗方案。面試出來之後，我知道這個工作我肯定拿到了。

學習對我來說從來不是一件難的事情。這其實非常感謝在中國大學裡打下的基礎。雖然我上大學的時候，本科生的學風並不好。但是中國大學理工科的分科往往比較早，大四的時候理工科的學生都會被安排上本專業分支領域裡很深的課程。這些課程的深度往往相當於美國研究生的課程。等到讀研究生的時候，因為中國的碩士研究生是 2 年半的學制，所以論文深度比美國一年制的碩士要深很多，相當於小半個博士的論文。有了這些基礎，對我來說，寫一個實驗方案非常輕鬆。美國的博士生課程也很容易，大部分都是我很熟悉的內容。

到美國的第二學期，我選了四門課，同時還要兼職一份 TA 和 RA 的工作。RA 和 TA 的工作，從理論上講都是每週 20 小時。但是按照移民局的規定，我的兼職工作不能超過 20 個小時每週。所以那份 RA 的工作，我乾脆就沒要錢。我和聘任我的教授說，我先免費幫你做，以後正式轉成 RA 了再說。

我幾乎每天都泡在實驗室裡。從早上 8 點一直到晚上 11 點。每次晚上我到工程學院大樓裡的時候，我發現大樓裡，剩下的幾乎都是中國學生。中國學生從中學開始，就有晚自習的習慣。其實這個習慣很好，這樣讓我們每天得有三個半天的完整工作時間。分別是上午四個小時，下午四個小時和晚上四個小時。似乎其他國家的留學生或者美國學生沒有像我們這樣的作息表。

我做的這份 RA 工作，涉及整個實驗室的改造。第一件事情，就是把原有的實驗室一分為二，要修一面四米長三米高的牆。我沒有去請外面的 Contractor 來修這面牆，因為我覺得這是我鍛煉自己動手能力的一個好機會。我雇美國同學開車去商店直接買來了大張的石膏板(drywall),然後從安裝椿子和梁開始，打上龍骨，然後把石膏板安裝在龍骨之上。

那個時候還沒有油管(YouTube)這樣的東西。我去圖書館借了一本如何裝修的書，也諮詢了美國同學，之後就開始自己摸索著幹了起來。美國同學普遍動手能力比中國學生要強。因為他們從小家庭的居住環境，讓他們有修房子和修汽車的經驗。中國學生多半都是住在高層公寓裡出生。他們對很多裝修的工具都不熟悉，甚至從來沒有見過。

這個經驗其實對我後來自己裝修房子有很大的幫助。年輕的時候多吃些苦，多學習一些東西，肯定不是件壞事。雖然那個時候我還沒有想到，自己以後會投資房地產。只是我覺得到了美國這樣的新環境，不會的東西我應該學一下。實驗室的改建涉及牆、吊頂、架空地板、通風空調系統。經歷過這樣一個大的裝修之後，我最大的收穫就是以後不再害怕任何和房屋裝修有關的內容了。美國的房屋多半都是木質結構，大部分裝修其實都是簡單的木工活，公差精度要求不高。只要弄懂它們基本的建造機理，房屋裝修都是可以 DIY，憑一己之力去完成的。

我花了半個學期的時間去改造實驗室。裝完牆後我去改裝通風空調系統，安裝篩檢程式和控制元器件。雖然那半個學期，沒有因為這些勞動有額外收入。但我覺得我的收穫很多。還有更重要的是我和我未來的導師建立了信任和默契。別人解決不了的問題，失敗的實驗，最後總是讓我出場去解決。也是因為這些信任讓我一直有比較穩定的 RA 收入。她經費再緊張，總是保證我的資助充足。在整個博士工作期間，我不用再擔心錢的問題。

人都是善良和有同情心的。年輕的時候不要太在意一時的得失。如果有機會讓別人欠你一些人情，肯定是件好事。我們俗話裡經常說，先做人再做事，基本上就是這個道理。

04 外快

我當時一個月的獎學金收入大概是 1200 美元。扣除基本的房租水電和飯錢之後，我每個月可以節省下 500 美元。我用的傢俱都是其他畢業同學轉賣或者免費給我的。那些床墊，電視和傢俱，其實看著都挺好的。我沒有奢侈地一個人住，我和其他幾個中國學生生活在一起，分擔房租，這樣生活也充滿樂趣。

差不多過了十個月之後，我大約存了 4000 多美元，有足夠的錢去買自己的第一輛汽車。買車的時候，汽車店裡的人，總是會問你，每個月可以負擔多少錢？比如你說如果每個月有200 美元的預算，他們會幫你反算過來，你應該買什麼樣價位的車。這種不看總價，只看每個月月供的買車方式是車行最容易做手腳的賺錢方式。

這時候我想起來老宣一下飛機的時候給我的勸告，那五條理財真經。買車不要貸款，我才不上汽車店銷售員的當呢。我有多少錢，每個月有多少預算幹你什麼事？所以我理都沒有理他的話。我就是要現金買車，而且我有多少現金不告訴你。用這個辦法，我買了一輛自己的車，一輛五年新的本田思域(Honda Civic)。和我同時期來的同學，也有貸款買新車的。我印象裡有個女生存了兩年的錢加上貸款，買了一個甲殼蟲的新車。只是因為她喜歡甲殼蟲的外形。

車對我來說只是獲得更大自由的工具。那些所謂的車型啊、形象宣傳、操控感、百公里加速度，我覺得都是商家的陰謀詭計。其實大家都知道，你的收入情況是怎麼樣的。你對生活的品味可以通過各種方式表達和投射出來，可以是你的言行舉止、你的著裝、你的談吐。大家其實不會因為你開一輛甲殼蟲或者寶馬，而覺得你更像淑女和紳士。你也沒有必要通過這些東西來自我表達。那只會說明你是多麼不自信啊。

這就是我自己的性格特點，我不是特別喜歡表面浮誇的東西，我喜歡實實在在的真相。我也不介意別人如何看我。我更介意的是，自己如何評價自己。那些生活在別人目光裡的人，在我看來，都是隨波逐流，人云亦云的傻瓜。生命只有一次，為什麼不做一個特立獨行的人呢？

有了自己的車，我迅速地提高自己的生活品質。一方面我不用再靠別人幫忙去買菜。另外一方面，我也可以幫助別人。通過幫助別人，讓自己認識更多的人，擴大自己的交際面。因為能開車了，通過這些交際面，我可以兼職掙一些外快。

印象最深的是一個錄音的兼職外快。有一個臺灣人在寫一本給美國人和西方人用的，學中文的教材。他在找一個有標準的普通話發音的人，錄製教材中的中文對白。看到廣告我立刻打電話過去。我告訴他，我的中文很標準，因為我剛來美國不久，還沒有被美式中文發音污染。現在想想這個"美式中文發音"實在是我為了證明自己獨一無二，捏造出來的。第一代中國人移民，哪裡有什麼"美式中文發音"。那個臺灣人問我，你是北京人嗎？

我說我不是北京人，但是北京人的普通話其實並不標準，他們有很重的兒化音，相當一部分兒化音是多餘的。另外，他們說話的誇張腔調和油滑的語氣，也不應該是中文教材使用的標準發音模式。

我自己在中國的北方和南方生活了幾乎一模一樣多的時間。所以我的口音裡幾乎聽不出任何方言的痕跡。如果我和東北人相處一陣子，我說話就會稍稍帶著一點東北腔。如果和河南人待一起，我就會被他們帶著說河南腔。同寢室的南方人話說多了，有的時候就 L 和 N 的音不分，我有時也會跟著有些混淆。總之我的語音才是正宗的普通話，融合各地方言特點。

可能是我說的道理打動了他，也可能是我電話裡的普通話聽上去還比較標準。臺灣普通話雖然也標準，但是他們總是不可避免地帶著一些臺灣腔。於是他同意我去他錄音棚裡去試音，一個小時 15 美元。

會走路的錢

我對 15 美元每小時的收入並不是特別在意，只要有錢掙就可以。我覺得
到了一個新的地方，就應該盡可能地去探索這個地方，盡可能地接觸更多的
人，瞭解可能的一切機會。錄音持續了一個多月我掙了一筆不大不小的外
快，大約 500 美元的樣子。我也學習到了一些新東西，比如我知道，怎麼樣在
錄音的時候，控制自己的語氣和語速，如何控制呼吸。如何用主觀意志控制
自己，做到不帶任何一點地方口音。當然最重要的是有這段經歷之後，我對
自己的聲音更加自信了。大部分人第一次聽自己的聲音都會覺得很奇怪，甚
至擔心有些難聽和自卑。我則沒有這些問題。另外想到教材裡我的聲音能夠
被眾多的中文學習者反復聆聽和模仿，這本身難道不就已經足夠讓人快樂了
嗎？

05 實習

我用了一年半的時間，幾乎是全 A 成績，修完了所有的博士畢業需要的
課程。好像只有一門課是 A-。我在想，其中可能很大的原因，不單是自己基
礎比較好，可能還是自己花的時間比其他同學多。和我同時期來的也有中東
和泰國來的學生。泰國在亞洲經濟危機之前，經濟正值如日中天的時候，很
多泰國的有錢人把他們的子女送到美國來讀書。

其中有幾個泰國同學和我關係不錯，他們基礎也很好，人也很聰明。可
是他們似乎沒有我這樣用功。我覺得很大的原因是，當時我相對貧窮。因為
貧窮所以沒有安全感，因為沒有安全感,所以需要格外地努力。

我和很多中國學生一樣，是沒有退路的，我們並不打算畢業之後回到中
國。我們需要良好的成績和口碑幫助我們在美國找到工作。而那些富裕一點
的國家來的人，他們讀書只是為了鍍金。

打個比較誇張的比方，就是金正恩同志也是瑞士留學的。可是我覺得他
留學期間，沒有學到什麼有用的東西，他只是像在瑞士的豪華公寓裡住過一
段時間一樣。留學本身並不是單單學習課本的知識，而是融入一種全新的生
活狀態，那種生活狀態給人的成長和歷練，是書本知識無法比擬的。

富裕家庭來美國留學的外國人，他們的體驗往往只側重在書本的知識，並沒有融入這種全新的生活方式。我這裡是不帶任何種族和地域偏見的。因為在我當時的同學裡，還有一個是臺灣來的留學生。他也是地地道道的中國人，臺灣的外省人。他家裡給他在臺灣安排好了未來，他讀博士的時候，家裡已經幫他在臺灣大學裡基本謀好了教職。所以他只需要拿到博士畢業證，回去之後就有一份穩定體面的工作。讀書的時候我看他也不是很努力，每天忙著和自己的太太過過小日子，只是到學校裡上上課、交交作業走流程畢業。

一個人一旦樹立了一種固定的口碑和人設，那他就會努力地去維持這種口碑和人設。我在我們專業的圈子裡，不知道怎麼地，稀裡糊塗就變成了中國來的學霸。所以我就會更加努力地去證明自己是個學霸。實驗室搞不定的事情大家都會來找我。複雜和有難度的作業，大家都找我來對答案再上交。

因為我預期其他同學會來找我對答案，所以我就必須第一個把作業做好。這逼得我沒有拖遝的習慣，每次作業佈置下來，我總是努力當日完成。我當時的一個座右銘就是"當日事，當日畢"。因為實驗室有搞不定的事情，大家習慣了都會來找我，所以我對實驗室所有的硬體和軟體，比任何人都更加熟悉。

一個人是很難在孤獨中做成某件事情，或者成為某一種人的。目標的實現往往都是他所處的環境與自身在互動的過程中漸漸做到的。如果你有某個目標，成敗的關鍵是能否給自己製造這樣的一個環境。我大約是在這個時候明白這個道理。這個道理也是讓我後來在開始制定自己十年一千萬理財計畫的時候，決定先營造這樣一個環境和期待氛圍，然後在這樣一個環境和氛圍中，把自己推著一步步去實現這個目標。

換一句話說，就是悶聲是做不了大事的。如果要實現某個理想和目標，最好的辦法就是先把這些理想和目標公佈出來。因為只有公佈出來的目標和理想，你才會感受到周圍人的壓力。也因為這些壓力，就會讓你更加努力地去實現這些目標與理想。

會走路的錢

我的 TA 第二年就結束了。因為我有比較好的口碑，有一次一個挺不錯的諮詢公司來我們專業招聘實習生 intern 的時候，邁克極力推薦了我。當時辦公室十幾個學生一起去面試這個 intern。最後拿到了錄用函(job offer)的只有我一個。當然，在美國要出去工作，沒有車是不可能的。也是虧得我第一年攢了些錢，買了一輛車，讓自己有了這方面的自由。

有了這個 intern 的工作，我的收入進一步提高了。我讀書的時候掙兩份錢，一份是學校給我的一周 20 小時的 RA，一份是每週 20 小時的 intern。移民局在 F1 簽證的規定裡面，明確說明全職讀書的學生每週工作最多不能超過 20 小時，但是有一個 CT 課程訓練(curriculum training) 的例外。CT 的許可申請批下來之後，我就去公司上班了。

當然，我也得感謝我自己的導師，這方面她並沒有限制我。她還是本著教書育人的角度出發，認為去工業界工作一下，對我是件好事。再說，她交給我的工作都可以完成，所以她並沒有什麼道理反對我每週去諮詢公司工作兩天。

工作內容對我來說其實一點都不難。不過那個時候我第一次比較深度地接觸到美國中產階級的生活，對他們的財務狀況有所瞭解之後，感到有些吃驚。總的來說就是美國的中產階級比我想像的要窮很多。

我在諮詢公司的工作搭檔是一個叫作大衛(David)的美國人。他這個人和他的名字一樣，都是最普通最流行，最不起眼的美國人。他有些憨厚，稍微有些胖。老老實實地工作，老老實實地交稅，老老實實地談女友，結婚生孩子。他們的思維很淳樸，一輩子生活在他們從小長大的地方，從來沒有到其他地方生活過，也不知道其他地方的世界到底是怎麼運行的。他們大體印象就是美國最先進，其他地方不是戰亂就是貧窮。David 每天只是上上班，下班之後去跟朋友們約會一下，週末去教堂祈禱一下，然後去山裡頭消耗一些時間。每年爭取出去度假一次。他並沒有什麼太高的理想，也沒有什麼遠大的抱負，也不關心世界有哪些變化，只想過平靜簡單的生活。

大衛和我關係很好，我第一次拿到工資單的時候，我看不懂，因為覺得東扣西扣的，似乎比我原來預期的少了不少錢，於是就找他請教。他詳細地給我解釋了一圈每個扣除項：聯邦稅、州稅、失業保險、社保、健保 (Medicare)，延稅退休計畫(401K)。聽我抱怨美國的稅太多，他就把自己的工資單拿出來給我看他交了多少稅，還和我進行一起對比分析。大部分美國人是比較私密的，不願讓別人看到他們掙到多少錢。但是這個大衛人很憨厚，他似乎不是特別介意。

我看到他當時的工資大概是一個月 4000 美元的樣子。他本科畢業就工作，每年的年薪大概是 5 萬美元。在各種退休保險社會安全稅和聯邦稅七七八八扣下來之後，他每個月到手的錢只有 2500 美元都不到。

而我因為是做兩份工，一個是學校的 RA，一個是在企業的工作。我每個月淨到手的收入竟然比他還要高一些。我沒問他每個月可以存多少錢，但我看得出他基本上是一個月光族(live paycheck by paycheck) 的人。因為那些賬簡單一算就知道。他住的公寓，一個月就要 1200 美元。還要支付各種生活費和汽車貸款，還要出去玩，我估計他平時一分錢也省不下來的。而我卻可以省挺多錢的，每個月我將近可以存 1500~2000 美元，因為我學校的收入不需要扣除各種社會保險和養老費。

你的收入再高，如果每個月沒有結餘，好比你在一條大河游泳。河水流量再大，你再辛苦地劃臂，也是白忙活了一圈，什麼都不屬於你。相反，即使你收入低，但是如果你能控制自己的支出，能有結餘，哪怕是條小溪，只要有水壩，就一定會有一池子的水屬於你。

在銀行電子支付還不發達的時候，你的財務流水至少還能在你銀行稍作停留，讓你享受一下揮手書寫支票的快感。銀行電子支付發達之後，銀行只是給你一個帳單，你那些辛辛苦苦掙來的錢進來轉瞬就又出去了。好像你不曾擁有過那些錢一樣。

那個時候，我還和大衛爭論了一下，退休金和社會保險的必要性。我說這是一個沒有道理的荒唐事情。社會保險等於我年輕的時候，每個月掙的錢交給政府。然後指望老的時候政府來養我。幹嗎不能變成我每個月存錢，我老的時候我自己養自己不就完了。經過政府這一道手續，效率肯定低，難免有大鍋飯的浪費。

會走路的錢

401K 也是一件荒唐的事。我為什麼要把錢交給公司指定管理的計畫(Program)裡頭，然後按照基金公司的規定去買股票。為什麼我不能自己存錢自己管理。我從小就知道把錢交給別人管，是一件很危險的事情。我的豬娃娃裡的錢，交給我媽媽去管，之後我就再也沒有看到那筆錢的影子。連親媽都靠不住，那些職業經理人怎麼可能靠得住？這世上，沒有人可能比你自己對自己的錢更加上心。

大衛跟我說，那萬一有的人不存錢怎麼辦呢？年輕的時候不存錢，老了之後政府總不能讓他們流浪街頭。我就跟他反著說，我說因為政府告訴大家，政府不會讓大家流浪街頭，大家有了這樣的期待，所以他們自然就不會存錢。要是政府，明天就告訴大家，你們各管各的，沒錢了自己餓死活該，估計每個人都會兢兢業業的，把自己照顧得好好的。

他說以前也是這樣的，後來大家發現不行，所以才變成現在這個樣子。然後我們討論了很多大蕭條和社保基金起源的事情。那些故事我以前就知道，社保其實是合法的旁氏騙局。一個好的社會需要給每一個人最基本的保障，讓每個公民有安全感，知道在最糟糕的情況下仍然有飯吃，有地方可以睡覺，也許這些可以作為社保存在的理由。只是我不知道 401K 存在的道理是什麼？他也講不出來，到底是什麼樣的經濟危機，促進了 401K 的生成？為什麼不讓自己管好自己的 401K，而是一定要通過公司指定的投資基金？

David 是月月光還是能存錢下來我管不著。反正我當時既不用扣 401K，我在學校的收入也不用扣社會安全稅和 Medicare，所以我錢包鼓鼓的.不像他每個月要吃光用盡,然後將來可憐巴巴地看著帳單等政府給他養老，或者等基金經理給他好的投資回報。我要把錢捏在自己的手裡，也要把自己的命運捏在自己的手裡。

另外一方面我也是對大衛深深的同情。他是一個特別樸素，認真工作的人。可是這樣的制度，讓他根本沒有辦法去做任何的主動投資，發揮自己的聰明才智。往好了說是大河裡整日奔忙的游泳健將，往差裡說，他像騾子和馬一樣，每個月辛辛苦苦周而復始地工作。工作了一年，手頭卻一無所得，搞不好還要倒欠信用卡公司一筆債。很多美國人耶誕節買禮物的錢，要到來年 2 月份才付得清。一方面自己信用卡上支付著 15% 的利息，欠著學生貸款，一方面自己存 401K，然後指望基金經理能認真負責地給自己 7% 的投資回報。政府還煞有其事地說自己的政策好，為中產階級謀求了福利。

問題是這樣年復一年的工作，因為你沒有存款，你永遠處在各種風險之下。年終的時候，大老闆 CEO 開會，還專門強調，我們的公司興旺發達，大家不用擔心失業。我們還會繼續雇傭更多的人，不會解雇任何人。難道不失業，就是努力工作的最高追求嗎？這樣永遠沒有存款，吃光用盡，一眼望不到頭的日子可不是我萬里迢迢到美國來想要的。

我在中國的時候，雖然收入低，但是大家從來不用擔心失業的風險。至少年輕的大學生隨時是可以找到工作的。大部分企業都是擴張擴張再擴張。中國好像沒有哪個公司認為自己不用裁員就是一個好公司了。美國公司不會裁員的誇耀還是經濟繁榮的時候公司 CEO 說的話，經濟蕭條的時候，豈不是更慘。

美國的中產階級的生活其實比我們想像的要苦。只是他們中間的大多數從來沒有和低稅的地區比如香港、新加坡、日本、臺灣做過比較。他們沉重的經濟負擔，並不是來自工作。而是政府通過各種名目輕易地就拿走了他們三分之一以上的收入。而且你掙的越多，政府拿走的就越多。

中國那個時候還沒有社會保險，個稅也不嚴格，也是一個低稅的國家。你掙的每一分錢都是你自己的。相比之下，我似乎覺得後者更好一些。可是我這個道理，沒有辦法說服任何一個美國人。也許是美國社會整體經濟更發達，說起這個話題的時候，他們總是天然的覺得，美國的制度要比落後的亞洲發展中國家先進很多。

事實上連中國人自己都覺得美國的制度比中國先進很多。很快中國後來就引入了社保的概念。從一份社保開始，一直發展到後面的五險一金。一個勞動者有六種費用需要交納。當然這六種費用，美其名曰，都是為了你好。都是說在你沒錢的時候，這些繳納的費用，會給你一些生活的保障。可是你看看中國的社保基金，每年的回報利率只有 2%~3%。你被迫存進去的錢最後都是被通貨膨脹吃掉了。

會走路的錢

每次和人討論這個問題，進行辯論的時候，我就說，如果覺得這樣的制度好，為什麼不給人民一個自由的選擇。一種是你交納社保，老了讓政府來養我。一種是選擇今天我什麼費用都不交，以後我也自己管自己。我相信用腳投票的時候，絕大多數的人都會選擇後者。

我是經歷過包產到戶之前，農村大鍋飯時代的人。大鍋飯的時候，一切聽上去都很不錯，政府拍著胸脯大包大攬。其實最終政府什麼也包不了，既無法保證你能有病看得起醫生，也無法保證你孩子有褲子穿。單幹戶的生產積極性顯然比大鍋飯更有效。不過這些道理，永遠和美國人說不清。漸漸我也就放棄了。我覺得他們大多數人抱著一種天然的信仰。就是他們現在這個制度，應該是比較好的，至少比落後的共產主義中國好。

別人的事情我管不了。我自己的財富增長得很快讓我很開心。我在這個公司實習做了大半年之後，差不多手上有了一萬美元。那是我第一次有一萬美元。折合八萬多人民幣。我看著銀行裡的存款，著實激動了一番。手上有糧，心中不慌。有了基本的儲蓄，生活才稍稍有些安全感。手上一分錢都沒有的人，一個風吹草動，生活就會給你顏色看。

現在我不用特別擔心下個學期我沒有獎學金資助了。以前沒有資助，就沒有辦法付學費。沒有付足夠多學分(credit point)，我就不能保持合法的學生身份。現在不一樣了，實在不行，我也是可以自己付學費的。

當然並不是所有的事情都一帆風順。學習本身不是一件難事，我自己的博士論文也進展順利，實驗室大大小小的事情我都可以搞定。可是我唯一搞不定的就是我的英語。有人有語言的天分，有人沒有。很不幸，我就屬於後者。我的英語寫作一直不是很好。這件事情困擾了我很多年，包括今天，我在寫這本書的時候，為了更好地表達，我只能拿中文寫作。

當然，也可能是我給自己找藉口。每個人的內心都是自己永遠正確。我也不能例外。我的理由就是我沒見過一個中文和英文都能寫得很好的人。除了極個別的語言大師，比如林語堂、梁實秋這樣的人。似乎一個人腦子裡能夠承載的語言能力，只有這麼多。如果你中文很好，你的英文總是會弱一些。你的英語聽說可以很好，但是可能寫作不太好。英語寫作能力很強的人，中文肯定寫不好，不會有那種流動感，語言本身也會乾巴巴的。兩種語言總是要顧此失彼，一個人只能擅長用一種語言來寫作。

我在用英語寫作的時候，我的注意力會關注在語法和結構，寫作的靈感就會頓時失去。靈感這東西有時候是非常微妙的事情。用鍵盤寫作和用紙筆寫作，靈感都會不一樣。所以我用英文寫作的時候，寫出來的東西總是像數學公式一樣乾巴巴。

我用了兩年半的時間就完成了我博士論文的絕大多數內容。可是我幾乎用了一年半的時間寫我的博士論文。怎麼寫都是不對頭，只能複述乾巴巴的結果，沒有思如泉湧的感覺。這讓我很痛苦，我的導師對我也很有怨言。她幫我改過我寫的期刊論文，但是這次明確對我說，不會花時間幫我改我的大論文。大論文是我唯一署名的作品，無論是內容還是語言本身的問題，都需要我自己去解決。

我沒有辦法只好辭去實習工作，開始了漫長的撰寫論文的努力。英文寫作可能是很多中國人在美國難以克服的障礙。我後來工作的一個白人老闆開玩笑地說，你們中國人會寫英文文章麼？"Can Chinese write English?" 他這話有些歧視的味道。但是的的確確是大實話。他說從來沒見過任何一個來自中國大陸的中國人寫出一篇好的英文文章。我也沒見過具備寫中文長篇能力的人能寫出一樣好的英文文章。我的導師對我很同情。她建議我乾脆用中文直接寫，然後再翻譯。我說不行的，兩種語言的思路不一樣，不是一個簡單翻譯的問題。語言中有很多承載資訊的描述。但是無論哪種語言，50%以上的內容，其實都是修辭。即使科技類的文獻也是如此。沒有修辭的只有電腦程式設計語言。可是那樣的語言沒人願意看。

因為沒有了實習工資，我的收入一下子減少了很多。每個月我只能存 500 美元了。一直到畢業都是這個樣子。國內那邊我開始寄一些錢給母親。直到畢業，我自己手頭的存款一直保持在一萬到一萬五美元之間。

06 投資宣講會

會走路的錢

當然我的生活也不是一直慘兮兮的只有存錢和繼續存錢。生活有了基本的安定之後，我很快迷上了各種戶外活動。冬天最喜歡的就是滑雪。我會買一個雪季的滑雪通票，然後冬天每個週末都去滑雪。夏天的時候，我和老宣經常一起去釣魚。釣魚其實是個經濟性很好的運動。你買釣魚證，一年也不用花多少錢，但每週都可以有新鮮的魚吃。我還經常去周圍爬山。有了車，可以去的範圍很多，我把周圍的國家公園都逛了一遍。

週末的時候，我還喜歡做一件事，就是到市中心去聽歌劇。歌劇的門票並不貴。因為不是什麼大牌的歌星，只是當地的一些演出。每次門票大概是五美元左右。但是在我聽來，一點都不比那些大牌的歌手唱得差。

我有的時候還去救世軍(Salvation army)鼓搗一些舊貨。弄得最多的就是密紋唱片。我買了一個二手的舊電唱機，然後去聽 60 年代一些舊的爵士樂的老唱片。那些唱片往往一張只要 10 美分。找到好的唱片可以讓你聽一個晚上，快樂一個週末。

我還幹的一件事情就是更多地閱讀大量的書籍。週末我喜歡從圖書館借一摞書，然後把自己關在屋子裡一口氣讀完。當地的一個二手書店，也是我經常去逛的地方。大部分的二手書籍只要 1-2 美元一本。這些閱讀讓我進一步開闊了視野。

我說這些並不是想說自己多麼會過日子。其實快樂與否和錢的關係並不是很大。我們大部分的娛樂活動並不需要太多的花費。有錢的時候你可以花多一些錢，沒多錢的時候你可以花少一些錢，獲得的快樂其實差別並不大。同樣一本書，新書可以是 20 美元，舊書可以是 2 美元。一本好書就是好書。新書還是舊書，早看還是晚看差別不大。

夏天我還喜歡幹一件事情，就是去山裡住在一個小木屋(cabin)裡面。當時一個朋友，在山裡有一個祖傳的小木屋。所以並不需要我們去支付旅館費用。但是需要我們自己帶被褥，走之前打掃乾淨。cabin 修在山裡的一條小溪邊上，可以在那裡飛釣(fly fishing)，釣山間溪水中的鱒魚。

生活在美國，很容易愛上她，也容易對這個國家產生感情。因為這裡有美麗的山河、樸實的人民。你和當地的老百姓幾乎所有的接觸都是令人愉快的。陌生人會在街上對你微笑打招呼。一開始，我們這些在中國擁擠城市裡長大的人，對陌生人打招呼微笑的行為有些不適應。不過我很快就喜歡上這樣純樸的方式。後來我發現紐約的人民和上海的人民沒有什麼區別，也是對陌生人一副冷冰冰的臉色。這可能和城市密度有關。鄉村的人民總是友善的。

當時我在圖書館裡借閱的書籍很少是和經濟有關的。除了存錢，我當時對投資理財一竅不通。我們課題組的辦公室經常放一份當地的報紙。報紙最後兩頁，密密麻麻的印著各種股票的價格。我們很多學電子工程和電腦的同學也在興奮地談論著各種股票。我對美國所有的股票都一竅不通。那些報紙上的代碼對我來說如同天書一樣。

但是因為大家對股票的熱情很高，中國學生學者聯誼會，就組織了一次股票投資的專場介紹會。我們那個城市一個證券基金過來做了一個投資的科普，順便做一些廣告宣傳工作。

那次廣告宣傳工作和我之後看到的所有的投資基金的廣告宣傳基本上都是一個套路。開場白就是告訴你複利有多麼重要，如果你每個月投幾百元買入股票，連續堅持二三十年，就會獲得多麼豐厚的回報。然後就鼓勵大家購買他們的基金。如果是退休保險產品的公司，就開始鼓勵大家購買他們的退休保險。

當時來介紹的是兩個很年輕剛剛工作的人，大概也沒有什麼經驗。反正知道我們都是窮學生，不期待能賣出什麼產品，公司就派年輕人來鍛煉一下。他們介紹完之後，觀眾席裡有人問。既然股票的大盤指數股這麼好，為什麼要購買你們的基金？兩個年輕人一下子有些答不上來。因為他們的基金壓根兒就沒有指數表現得更好。

他們當時給了一些模棱兩可的解釋。他們說他們的基金風險控制得更好。還有，就是他們基金公司的個別基金是常年都能夠打敗指數股的。聽眾席裡有兩種人。一種就是我這樣一竅不通的傻瓜，還有一種就是自己已經開始創業的人。我印象中當時一個中國人問他的公司需要達到什麼樣的規模才能在納斯達克(Nasdaq)上市？那兩個來推銷基金的人，顯然不知道如何回答這個問題。

當然我也感到很震驚。我剛剛為自己存了 1 萬多美元就沾沾自喜，而周圍的老中都有公司都快上市了。人和人怎麼差距這麼大呢？因為剛才那個問問題的人來美國也不過才六年。

2000 年之前，到處流傳著各種網路泡沫的神話。有些神話是真實的，有些神話是添油加醋，以訛傳訛。當時大家都想去有 IPO 的公司。一個比我早來一年的一個電子工程專業的女生，去了灣區的一家公司。後來大家都說她們公司 IPO 了，她一下子成了百萬富翁。我也不知道這個故事是真是假，但是當時我逢人也把這個故事跟著流傳一遍，反正都是茶餘飯後的娛樂。現在想想可能很多當時人們一夜暴富的傳說，都是吃瓜群眾一遍遍地誇大其詞傳出來的，哪來的那麼多一夜暴富？

我的專業並不是電子和電腦行業，所以 IPO 的可能性基本上是零。可是我也想早點畢業，趕緊去工作。倒不是我特別渴望過著像大衛那樣一眼看不到頭的生活，而是我覺得經濟要不行了，危機就在眼前，我需要趕緊畢業找工作。

07 找工作

那個時候我每週看《時代週刊》這本雜誌。這個習慣我已經堅持了將近 20 多年了，可謂該雜誌的忠實讀者。2000 年前後有一篇文章，我印象很深刻。那篇文章是某一期的封底文章。文章說這個時候再買網路公司股票的人和參加邪教組織沒有什麼區別。參加邪教組織的人，他們被完全洗了腦，不會聽從朋友和親戚的任何勸阻，把所有的身家性命，拿去給了邪教。當時網路公司如此高的估價，還相信股票會一漲再漲的人，就和那些參加邪教和傳銷組織的人一樣，已經沒有辦法再和他們講道理，只能看著他們自取滅亡了。

這篇文章簡直救了我。後來很多年裡我一直特別關注《時代週刊》(Time)關於經濟類的文章評論。《時代週刊》不是一本財經類的雜誌，所以它不經常寫財經方面的評論。不像其他財經類的雜誌，經常是為了銷售額和吸引讀者眼球，往往喜歡語不驚人死不休。大家關注什麼熱點，雜誌就追蹤什麼熱點。

《時代週刊》關於大的經濟形勢的文章，經常半年一年，甚至兩年才出一篇。但是每次對大的形勢判斷都很准。2000 年的時候互聯網泡沫的頂峰，我是從這篇文章中學到的。2007 年左右，《時代週刊》出過關於房地產泡沫的警惕文章。2012 年前後《時代週刊》出過一篇文章，告訴大家經濟會持續繁榮下去。那篇文章還寫了一句幽默的話，說這個持續的繁榮千萬不要讓普通民眾和外國人知道，因為那樣會招惹很多熱錢進入股市，而熱錢的進入會導致泡沫崩潰和經濟危機。《時代週刊》因為不是財經類雜誌，所以這些年我一直拿《時代週刊》的經濟評論，作為我對大經濟形勢的判斷依據之一。

互聯網泡沫在千年蟲危機平安渡過之後達到了頂峰。我當時覺得我一定要趕緊畢業。我需要在大蕭條降臨之前找一份穩定的工作。這個判斷是正確的。幾乎就差了半年，就業市場就發生了翻天覆地的變化，從滿地都是工作到一個面試機會都找不到。

可是我的論文答辯還沒有正式結束。我就和導師提出，我需要去趕緊工作了。不然後面我就再也沒有工作的機會了。她似乎很理解我。當我把論文草稿交給她的時候，她就同意我先出去找工作面試，再答辯。所以從這點上來看，我還是非常感謝我在美國一開始遇到的兩個導師。他們都不是以自己的利益為最大化的。人性是自私的，大家這點上差別都不是特別大。好人就是在自私的同時還要顧及別人的感受和別人的利益。而那些被冠以壞人稱謂的，往往是自己利益最大化，自己的感受最重要，完全無視他人情感和得失。

08 股票基金

當然在這麼巨大的互聯網泡沫面前，我也不是沒有幹傻事。當時我讀了厚厚一本中國人寫的美國投資理財的書。這是一個美國的留學生自己用中文寫的書，自己印刷出售。書名我已經忘記了，這本書介紹了美國的稅法以及

401K、個人退休帳戶(IRA)、 Roth IRA、養老保險這些退休理財產品。這本書是我對美國各種退休計畫的啟蒙書，但不是一本好書。他只是介紹了相應的法律條款，並且推崇幾乎所有的避稅和延稅的退休養老計畫。書的總體建議就是基金產品大家早買早好，多買多好。

我按照他的建議去當地的一個基金公司開了一個帳號。那個公司是在互聯網時代赫赫有名的一家基金公司。和富達(Fidelity)這樣的百年老店不一樣，這個基金公司的口號是"因為專注所以專業"。他們每個基金涵蓋的公司數量比傳統的基金要少很多，所以在互聯網泡沫時代連續保持了 10 餘年的高回報。按照我讀的老中寫的啟蒙讀物的建議，各種避稅和延稅退休理財產品中最好的是 Roth IRA。所以我就去那個基金公司開一個 Roth IRA 的帳號。那天是公司新基金認購，門口人山人海，排隊排了半個多小時，才輪到我被接納。

我當時是和我的女友一起去的。前臺給我看了一個基金介紹手冊。那些基金長長的名字，讓我實在無從判斷哪個基金更好。我女友更加天真可愛，她說手冊上這個基金經理長得蠻帥的，估計比較靠譜。各類基金的說明上，除了基金經理的頭像，實在看不出其他任何有用的資訊。因為每個都寫了一堆花裡胡哨的好聽的話語。要麼就是成長，要麼就是平衡，要麼就是穩健，要麼就是資深業務員，行業洗練多年。人和人溝通，如果你沒看懂或者沒聽懂，很多時候是因為表述者不想讓你看懂和聽懂。投資基金公司就屬於這類，喜歡說雲裡霧裡似是而非的話。我覺得相信那些基金手冊上的話，和依靠基金經理頭像帥不帥做挑選依據，估計也差不了多少，所以就聽女友的話找了一個最帥的小夥子的基金去投。

女人喜歡帥哥，男人喜歡美女，這是生理的本能。選總統的時候，英俊年輕的男性候選人會得到更多女性的選票。我們第一次選基金的時候，對美國證券市場的瞭解程度，基本上就是這個水準。我和我女友唯一不同的地方就是，我知道那些基金介紹都是胡說八道的廣告宣傳，而她卻天真地相信。她和我爭論說，美國法律監管得很嚴，和中國股市不一樣。

　　我沒有和她說我母親和我小時候的故事。監管得再嚴格，也最多只能讓人做到形式和流程上守法。當利益取向不一樣的時候，你是不可能監管得住一個基金經理的人心的。我和基金經理的利益取向不可能一模一樣。他賺傭金，我賺回報。當然我的女友依舊不信，她說那些基金經理也是有投資自己的基金的，你少用中國那些亂七八糟的例子做比對。我沒有什麼證據反駁她，只是隱隱約約地覺得不信。

　　我開帳號的時候，因為是在四月十五日報稅之前，所以可以用前一年和當年的額度。我買了兩年的滿額，一共 4000 美元。雖然我當時知道股票泡沫嚴重，經濟危機隨時會來臨。但是我女友說，他們這些都是職業基金經理，他們會處理好這些事情的，知道如何處理風險的。我剛想反駁，她接著說，你懂的股票知識，比起他們差遠了，你才來美國幾天，人家都是久經沙場了，百年老店，啥樣的經濟危機沒見過。我覺得她說的有道理，畢竟別人是專業幹這個的。而且門口那麼多美國人都來買這個基金，難道還會有錯？他們是常年生長在這個國家的，知根知底的。我們是剛到美國幾年的鄉巴佬，跟著他們選擇應該不會有什麼錯。

　　當然我那 4000 美元的投資結果，大家可想而知。互聯網公司泡沫崩潰的時候，每個月寄給我的帳單裡都顯示我的資產逐月縮水。雖然我的錢在縮水，可是他們每個月的管理費照收不誤。我想他們都把我投資弄賠了，我沒找他們要補償就不錯了，他們還好意思扣管理費。怎麼想都不是一個很地道的事情。可是這道理沒有地方說去。我看到我的錢越來越少，越來越少。最後跌至 1000 美元都不到的時候，我就忍不住進去看了一下基金持有的股票到底是什麼？然後發現他們持有的都是那些連我都知道會破產的網路公司。如果考慮風險調整後回報(risk adjusted return) 的話，這些基金經理從來沒有打敗過市場(beat the market)。股票泡沫即將來臨的時候，他們也不會把錢轉成現金來避險，因為跌了算你的，贏了算他的。他們對於股票公司的判斷，並不比我們普通人高明到哪裡去。

　　他們這些基金中表現最好的也就是一個被動投資人（passive investor），跟著大盤跑。大部分連指數都跑不過。他們主動選擇的那幾個股票，按照有些書上說的甚至不比一個猴子更高明。所有的基金都會告訴你，需要長期持有，即使下跌，以後還會再漲回來。他們說的是有道理的。不過並不妨礙他們用各種合法的手段包裝自己基金的歷史回報。

我的這筆投資就是持有時間最長的。因為總額不多，我就好奇最終回報是怎樣的，到底他們可以玩什麼樣的貓膩。我堅持持有了將近 20 年，沒有做任何調整。我發現他們基金的名字老在變。他們會把回報表現(Performance)不好的基金關閉掉，開始一個新的基金。這樣這個新的基金，看起來每年的回報(return)就會更好一些。所以你可以在市場上看到大量的股票基金宣揚他們過去 10 年的平均回報(average return)都是 10%以上。但是等你真的買了，你就會發現根本不是那麼回事兒。他們的各種費用也總是模模糊糊搞不清。按照他們的基金招募書(Prospectus)上寫的歷史回報，我怎麼也算不出我現在應有的資產。

我的這 4000 美元的投入，在我持有 10 多年之後才基本打平。又過了將近 10 年，才變成 6000 元。冒了這麼大的風險，20 年成長了 50%，遠遠低於大盤指數。這樣的投資回報是令我不滿意的。但是這些基金就是利用了人的一些惰性，大部分人都是懶得做出改變，所以我每年都在給他們交管理費。直到 2016 年我痛下決心。把基金的錢轉出來自己管理。三年之後，我通過自己的投資安排，讓這筆錢成長為 5 萬美元。

這筆投資我最深刻的體會就是再一次印證了我一直的觀點：沒有人比你更在意你的錢，也沒有人可能比你更上心地管好你的錢。

09 選工作

2000 年買完 Roth IRA 之後，我口袋裡只有一萬多美元，沒有敢再去買投資基金和股票。一方面我需要這筆錢應付不時之需。因為我馬上要畢業找工作。另外一方面，我有過氯鹼化工的教訓，知道買股票不是一件輕鬆簡單的事情。美國貌似比中國的系統更複雜，水更深，不敢貿然投資。

對於高漲的股票市場，最好的應對辦法是借這個機會，找一份高收入穩定的工作。所以我開始大量的投遞簡歷。也拜託我認識的每位教授，幫我介紹工作。很快，我就拿到了三個工作錄用函(job offers)。這三個 offer 性質基本相似,都是工程類我自己的專業方向裡偏研究型的工作。一個工作在丹佛，一個工作在亞特蘭大，一個工作在三藩市灣區。我應該選擇哪份工作呢？ 我知道這次的選擇很重要，因為我已經快 30 歲了。這次選擇的城市應該是我停止漂泊，安定下來生活相當長一段時間的城市。一不當心，就會有天上地下的區別。相比於中國的畢業分配，此刻命運至少是在自己手上的。但是此刻我應該選擇誰呢？

10,000 到 100,000 美元

一個人的收入再高，如果不懂得如何存錢，那麼他就像一條湍急大河裡的游泳者，無論怎樣奮力劃臂，一切都不屬於你。存錢就像修築水壩一樣，你的收入再低，山間的溪流再小，最終你也能擁有一潭屬於自己的清泉。

第四章 從 1 到 10 萬美元

01 大城市？小城市？

大部分畢業生離開大學，選擇工作的時候，都和我都有一樣的困惑，主要就是未來在怎樣一個城市生活? 大體上大家都面臨三種選擇:

第一種是在紐約、三藩市、洛杉磯、波士頓這樣的一線城市。在中國就是在北上廣這樣的城市。這些城市工作機會比較多，資訊發達，產業集中，未來自己的職場成長空間比較大。但是缺點就是生活成本比較高，掙同樣多的錢，扣除生活費用，所剩無幾，所以生活品質比較差。生活費用比較高的突出表現就是住房成本比較高。其他像稅收，食品，水電費價格都會稍高一些，但不是主要原因。

第二種選擇是在小城市。在美國就是離核心城市群比較遠的地方。也就是我們中國經常說的三線、四線城市，比如美國的很多大學城。這些地方土地遼闊，住房成本低。同樣的收入，扣除住房和生活成本以後，每個月可以存下來的錢更多。

第三種選擇是，就是介於兩者之間。美國可以選擇二線的城市群生活，比如說亞特蘭大、邁阿密、丹佛、奧斯丁這樣的地方。或者是曾經的興旺發達的一線城市群，但是現在漸漸走向衰敗的地方，比如底特律，芝加哥、聖路易斯。這些地方，產業也相對集中，就業機會比較多，但生活成本又不像紐約那麼高昂。

會走路的錢

應該說我的分類沒有什麼依據。完全是根據自己的印象寫的。如果把讀者您家的城市群劃錯了類別，請不要生氣和較真。我舉例說明只是為了方便我的表達需要。

大部分人的選擇，並不是從經濟角度來考慮。大家選擇的原因往往是他們在哪裡有親戚朋友，哪裡有社會關係，自己的男女朋友在哪裡。有句話叫作，哪裡有愛，哪裡就有家。或者有人是選擇哪裡的風景更好，哪裡有更多的室外活動的地方。還有一部分人或者就是單純的比較自己 offer 工資收入的高低，工資高的地方就去，工資低的地方就不去。畢竟很多時候，能找到一份工作就不錯了。

我當時的工作機會，也基本上就是在三個選擇中挑一個。工作內容和公司的前途，其實差別都不是特別大。在亞特蘭大是一個財富 500 強公司的研究機構。在三藩市灣區拿到的工作，也是一個研究機構的工作。如果在丹佛工作，那裡集中了很多加州外遷出來的產業。也有大量我喜歡的滑雪場。

我像很多人一樣，去周圍的老師和同學那裡徵求他們的意見。大家都會首先恭喜你，然後說出一些自己的評論。我聽見各種五花八門的意見，不過幾乎很少有人說應該去三藩市灣區。大家普遍意見是，那裡生活壓力比較大，太艱苦。即使偶爾有人公司上市了，突然中了頭彩一樣發了財，也只限於高科技領域的公司。像我這樣做傳統工程領域研究的，沒有這樣的好命。

我那個時候的女友，更傾向於去亞特蘭大，因為她在南方生活過，挺喜歡南方的。她覺得那裡物價便宜，房子也便宜，生活品質會比較高。當然很多人會說，丹佛也很不錯。在丹佛工作就可以享受到高科技產業的繁榮，又可以避免北加州那些高額的房價和擁擠的交通。

我比較尊重我自己導師的意見。不過就像很多美國人一樣，他們只會說一些模棱兩可的話。她沒有告訴我她的傾向性意見，只是把各種利弊都幫我分析了一圈。如果她直接告訴我答案，責任就在於她身上了。沒有哪個人願意承擔這樣的責任，關於你未來好壞的責任。

不過，以前我去過一次斯坦福大學。我自己傾向的想法是去北加州。人是受周圍環境影響的。到了一定階段，大家聰明才智程度都差不多。很多聰明人一生未能做出什麼成就，只是他沒有在一個激發他潛能的環境裡。舉個例子就是，當年我們這代大學生裡面，中國科技大學的學生出國比例最高。並不是因為他們英語格外好，而是當我們還懵懵懂懂的時候，中國科技大學的同學們，已經開始整班整班的準備 GRE 和託福考試。在那個氛圍裡順其自然，大部分科大同學是被動地被帶著出國的。

我那次去斯坦福，就觀察到一個現象。我的同學周圍，幾乎所有的人都在討論創業的事情。好像沒有身兼數個的創業公司的 CEO，都不好意思和其他人交流一樣。而同樣聰明的其他美國大學的中國同學們，他們關心的往往是只是吃喝玩樂，以及如何平穩畢業找工作的事情。我們每個人每天都受到環境的影響。所以我們年輕的時候，應該選擇一個對自己有更多正面影響的環境。這也是那麼多中國人拼命把孩子送到名校的一個原因。

我自己在新加坡的時候就是的。因為當時人人都想去美國留學，所以我自然被帶著申請去了美國。如果在我之前國內那個大學的環境裡，我可能從來不會想著去美國留學這件事，只是老老實實在一個公司裡頭認真工作而已。

我選擇北加州的另外一個原因是因為那裡比較貴。是的，也許這和很多人的直覺想法有些相反。他們會選擇生活成本比較低的地方去生活。但是一個地方貴，說明那裡經濟越發達。在中國，上海、深圳、北京顯然比很多二線三線城市要貴。可是一線城市是我們那個時候年輕人削尖腦袋要留下來的地方。後來的事實也證明，我們那代人留在一線城市的絕大多數人比一畢業就回老家的，在生活和事業上普遍要更好一些。

美國也是一樣，有生活夢想和野心的年輕人，很多人會聚集在紐約。而貪圖安逸生活的人會選擇在二線三線城市生活。我到美國可不是貪圖安逸生活的。要是圖安逸生活，我連上海都不用去，在中國二線城市，娶妻生子，過過小日子就可以了。

在做出決定之前，我還去三藩市灣區看了一圈。因為聘用我的單位希望我過去一下，確保我的確喜歡那裡的生活環境。在那裡我碰到了我在新加坡的一個同班同學。他在北加州生活了一年，正在打包準備搬往芝加哥。

他說你不要來灣區，灣區可不是什麼好地方。你看我待了一年，最後還是決定去芝加哥。我問為什麼？他的解釋是，灣區的房價太貴，到處堵車。他還跟我算了一筆賬，就是他用不到 1/3 的錢就可以在芝加哥買到同樣大小的房子。這樣他每個月可以有很多結餘，生活壓力不會那麼大。

我覺得他的選擇可能適合他，但是不適合我。我可能比他更有奮鬥精神。房子總是給人住的。你沿著公路開車，兩邊一眼望不到頭的都是房子。這麼多房子，為什麼就不能有一個屬於我。我四肢健康，精力飽滿，人不比其他人笨。當這些房子屬於我之後，房價高對於我來說就是一件好事。

再說房子和生活成本只是生命中的一件小事。一個人活在世上總是要有所作為的。既然想有所作為，那就應該到機會最多的地方去，到年輕人集中的地方去。聚集在一線城市的年輕人，今天是北京的北漂，解放前是上海的左翼青年。無論是丁玲還是魯迅，如果待在他們老家裡，過過小日子，估計他們什麼也做不了。

當然人各有志，當著朋友的面不能這麼說。每個人都有權力選擇自己的命運。我沒有權力在別人面前說三道四的，把自己的價值觀強加到別人身上。再說未來有很多不確定性，誰的選擇更好還很難說呢。

02 網路泡沫崩潰

我幾乎是在網路泡沫經濟危機來臨的六個月之前，終於把自己的工作確定了下來。雖然我還沒有拿到正式的畢業證書，但是我已經開始上班了。經濟危機來臨之前其實大多數人都可以感覺到。報紙更是鋪天蓋地的各種宣傳。雖然股票價格還沒有暴跌，但是影響價格的主要因素已經不再是公司盈利的好壞和經濟基本面，而是政府政策。我當時就開玩笑，說美國的股市和中國的股市沒有什麼區別，已經變成了一個政策市。

當時一個突出的例子就是聯儲局下調利率，股票價格立刻反彈。因為銀行的基準利率下降，讓股票的估值會變高。廣播裡的新聞報導就是利率下調，引發股票上漲。但是第二天市場似乎才明白過味道來，發現聯儲局下調利率預備著經濟危機的來臨，所以股票價格又下跌。連廣播員都在開玩笑說，股市到底是希望聯儲局降息呢，還是不降息？

市場完全變成了一個跟著政府政策和領導人講話隨波而動的政策市，每天的價格起伏波動都很大。個別通訊類的公司股票一口氣下跌了 80%，然後又漲回到了原來的歷史最高點，然後又崩盤下跌到零。我看著價格，想像著價格背後炒股人的喜怒哀樂。你可以愚弄我一次，但你不能愚弄我兩次，但是這樣反復愚弄股民的事情的確反復出現。

我還有印象的是一個評論人說的話。他的建議是拋空所有的股票。他的原話是這樣："也許未來一片燦爛，也許未來是萬丈深淵。但是我這一艘小小的船，承載了我所有的身家性命，我還是老老實實的進避風港，等風浪平息了之後我再出來"。

今天回想，他當時的評論是對的。雖然我不買股票，但我從來都是通過股票價格的漲跌來判斷未來經濟的前景。當時在灣區，很多聰明的人都意識到一定要找一份穩定的工作，而不是高工資的工作。我去拜訪我的另外一個同學，正逢他進行電話面試。他說這兩天 Startup 公司全瘋了，給的工資一個比一個高，有的是 8 萬，有的是 9 萬，有的是 10 萬。但是這些公司聽上去一個比一個爛，他一個也不敢去。因為對於我們外國人而言，丟了工作也就丟了合法身份。這在經濟危機就要來臨的時候，誰也不敢冒這個險。

2001 年初在消費市場上，當時並沒有辦法感覺到經濟危機的來臨。我個人的體會是經濟蕭條的時候，消費市場是最滯後的一個指數。年初我在南灣的同學請我去吃飯，商場裡人山人海，根本找不到停車位。像吃飯這樣的事情，人們是不會根據經濟危機的預測來決定今天的消費的。一般都是失業了之後，才會節約開支，不再在外面吃飯。舉一個現實的例子，我就有一個灣區的朋友 2002 年失業之後，為了壓縮開支，在 Burger King 吃了一個月的飯。

預測經濟的最好晴雨錶其實是富人在做一些大宗投資的時候，他們在怎麼想。他們對未來的預測可以反映未來經濟的走向。大部分老百姓或者不想那麼多，或者是缺乏應有的自律，都是今朝有酒今朝醉。

我的行業是傳統行業，所以沒有太多這方面的顧慮。但我也會想，如果公司的資金有短缺的話，會怎樣應對？一個大的公司首先砍掉的是和直接銷售無關的研發和市場部門。因為這些並不涉及公司最基本的生命線。反而都是燒錢的部門。所以我想來想去也不知道自己的工作靠譜不靠譜。查查過去的歷史，每次危機的時候，大體還靠譜。

當時我把女友也接到了灣區。她也開始找她的工作。當時我們犯的一個錯誤就是，我們彼此都想求一份穩定的工作，所以避開了所有的初創新公司，而是找一些老牌的比較傳統穩定的公司。

她當時拿到的一個 job offer 是 Elon Musk 創辦的一個公司。當時這個公司正在劇烈的擴張中，面試的時候公司只有 30 個人。公司當時還給新進來的員工發股票。這個 job offer 最終被我和女友果斷拒絕。現在這個公司的市值已經是上千億美元。這是我們一生中錯過的最大的一次發財的好機會。

不過當時市場的前景其實是混亂的，人們根本無法判斷哪一個小的初創公司會成功，哪一個會失敗？當我們兩個都拿到穩定的長期 Job offer 之後，算是都長長地出了一口氣。後面不用吊著嗓子眼看股市的起起落落。再發生什麼樣的經濟危機，都和我們沒有關係了。

03 自住房

對於每個搬到了灣區工作和生活的人，就像每個去紐約、北京這樣的城市的人一樣，住房成為首要難題。首先給我下馬威的，倒不是房價很貴，而是租房子都很困難。在我之前讀書的那個小城市裡，租房子是買家市場，所以我可以挑挑揀揀的。到三藩市灣區開始租房子的時候，房東都是一副不可一世的樣子。那個時候正是網路經濟泡沫的最高峰,每天都有無數多的年輕人湧向灣區。

房東的開放參觀日(Open house),經常只在週末的一個小時之間，其他時間據不受理。早一點晚一點都不行，過期不候。通常需要申請者帶足了材料，現場填表。我這樣還沒有工資條和工資收入銀行流水的人，需要一次性就交納三個月的押金。

房租價格也比我之前城市的房租，整整漲了一倍。我和我的女友一起合租了一個非常小的公寓，不在灣區的核心地段。離我上班，有 40 分鐘的距離。租金是一個月 1500 美元。就這樣的公寓幾乎是我從很多競爭者手中搶著租下來的。我並不想花太多的錢在租房上，因為我想把錢省下來，儘快買我自住房。

如果你打開網路，租房還是買房哪個更合算是個永恆的討論話題。洋洋灑灑數不清的理財顧問在這方面發表過意見。那些參與討論的人，會一筆一筆的跟你算帳，然後把房屋的折舊、房租收入、房地產稅、維修費各種一項項列出來，幫你精確算一算租房還是買房哪個更好。

其實你根本不用算，因為算了也是白算。對於紐約、三藩市、洛杉磯這些常年持續房價上漲的地方，租房子永遠是一個虧本買賣。因為你付出的所有租金，通通打了水漂。買房子，看上去好像每個月的支出更高一些。但是你付出的每一筆錢，都在幫你逐漸獲得這個房子。只要房價三十年能漲一倍，那麼你付出的所有的錢就全部能賺回來了。

而事實上，每隔三十年這些大城市房價不是漲一倍，而是漲了 5 到 10 倍，所以你根本不要做那些複雜的算術。那些複雜算術裡的各種假設，都沒有精准考慮到未來房價的變化。

此類的算術，我又在 2005 年前後在中國看到。當時上海北京的房價已經開始飛漲。中國的年輕人也同樣在計算，到底是買房子好還是租房子好。他們那些計算多半都是用靜態的計算方法，就是假設房租不漲，房價不漲。只有用靜態的計算方法的時候，才可能存在到底租房好還是買房好這樣的問題。只要是你用動態計算的，都是毋庸置疑買房更好，因為房租和房價都會上漲。

從投資上來看，買房子的好處是毋庸置疑的。或者更誇張地說，自住房是政府送給你的福利。買自住房總共有四個最主要的好處：

第一是獲得了政府的大量的補貼。你的房地產稅和支付的利息可以用來抵稅。而你租房子，或者是其他任何投資行為，都不可能有這樣稅收上的好處。

會走路的錢

第二，你做其他任何投資行為，都不可能獲得這麼大額、低息、長期的貸款。股票也可以進行槓桿交易。但是為了股票槓桿你支付的利息，遠遠要比房貸利息高多了。

第三，政府總的來說會讓自己的貨幣一點一點地貶值，而不動產是抵禦通貨膨脹最好的辦法。在一線城市土地緊張，不可能有那麼多的新房子蓋出來。總量一定，又是剛需的資產，都是抵禦通貨膨脹的好管道。

第四，買房子是政府送給你錢。你拿到的是利息 5%三十年期的貸款。隨著通貨膨脹，這貸款就跟白送給你一樣。你只要看看 30 年前大家平均收入是多少，就很容易算清楚這筆賬。所以你貸款額越高，就意味著政府送給你的錢越多。房子本身其實也是白送給你。因為你只要拿三十年的資料算一下，用 30 年後房子的增值部分減去 30 年裡你付出的房貸。你會發現，這個差值遠遠大於 0。這相當於 30 年的實際居住成本是個遠遠小於 0 的負數。你並沒有為自己的住房花一分錢。

可以說沒有任何投資，比得過自住房。除非你有股票的內線交易的資訊，不過那是違法的。長期來看，購買自住房，毋庸置疑是最好的投資。你隨便拿出任何一組 30 年的資料來計算，就會發現購買自住房收益要遠遠超過股票、黃金，和任何你能想到的投資方法。

我的這些想法不是憑空而來的。當時我收集了三藩市灣區過去 30 年的房價和收入的資訊，把它拿出來做了一個詳盡的計算。美國是個穩健發展的社會，沒有任何理由會認為，未來三十年和前面三十年有什麼大的不同。當然，在加州還有另外一個，越早買自住房越好的原因，就是 13 號提案（Proposition 13）。這是加州自己的一項奇怪的法律。加州的房地產稅，並不是根據房價每年的實際增長而調整。根據 Proposition 13，房地產稅的基數固化在每年最多上漲 1%。

這樣一來，同樣一個社區裡同樣的房子，不同人支付的房產稅會有十倍差異之巨。有的房地產稅很低，是因為他們在幾十年前就買了房子，所以比今天新買的人付出的房地產稅要低 80-90%。我當年也是偶爾發現大家付的房地產是有這樣巨大的差異，才意識到 30 年前原來灣區的房子曾經是那麼便宜。

我 2006 年開始在文學城撰寫博客的時候。把這些資料貼到了我的博客網站上，用來說明我的觀點。長期投資而言，沒有什麼投資能夠勝過自住房。一個簡單的數字就可以說明這點，1982 年的時候，南灣的中位房價是 12.8 萬美元,平均工資收入是 2 萬美元；2005 年的時候是 72.6 萬美元，平均工資收入是 5.8 萬美元；今天差不多中位房價是 120 萬美元，平均工資收入是 20 萬美元。

雖然每個人都知道買自住房的重要性，可是很多人往往做不到這一點，尤其是在高房價的城市。這主要有三個原因：

第一個是自己消費管理自律性不夠，每個月都是吃光用盡，沒有辦法積攢出首付的錢。有人期待天上掉餡兒餅，自己突然發一筆財，然後獲得房屋的首付。在中國更是和啃老有關。女方期待男方出錢，男方期待爹媽出錢。不寄希望於自己的自力更生。在灣區的很多人寄希望公司的 IPO 獲得首付。公司的 IPO 有很多不確定性。2001 年股災的時候就是一個反面例子，當時有些中國人 IPO 沒有賣出，可是稅卻是要每年按照既得價值(Vested value)去交。如果股票暴跌，你非但沒掙到錢，反而欠了一屁股稅。

第二個原因就是總是期待自己能夠找到更低的價格。一廂情願的認為房價不合理，房價應該下跌，希望自己在下跌的時候再買進。臺灣和香港在經濟高速發展的時候，都發生過年輕人示威遊行要求平抑房價的歷史。深圳有名的評論人"牛刀"，上海的"謝 X 忠"也是靠年輕人宣洩房價高漲而走紅。媒體是非常危險的東西，它的第一訴求是點擊量。所以總體上媒體是撿讀者喜歡聽喜歡看的觀點發表文章。這些媒體和網路紅人最終害了很多人。中國就有"信志強住樓房，信牛刀住牛棚"的網路用語。任志強的話很難聽，可是說的都是實情。我這方面的切身體會將在第十三章接著講。

第三個原因是有些年輕人眼高手低。有些人總覺得自己生來就應該擁有世界上的一切好東西，且並不需要自己付出額外的努力。比如有的人覺得自己聰明絕頂，名校畢業，到灣區來工作，就是應該擁有這裡最好的房子，最高的收入，最優秀的伴侶，最好的家庭。在購買房子這件事情上，他們也會期待自己一步到位。要在最好的學區有一個有大院子的房子，至少是 2000 尺，年代還不能過於久遠。在選擇房子上也是，房子不能有一絲一毫缺點。

這樣不切實際的幻想，天之驕子的心態，會讓他們的購房計畫一拖再拖。再配上第二個原因，讓一些人錯過了機會很多年。

香港人總結了買房的過程。他們提出的一個重要概念叫作"上車"。買什麼樣的房子不重要，買哪個社區的房子也不重要。關鍵是買和不買。買了，你就上車了。上車你就有機會調整到自己更滿意的房子。如果你沒有上車，那麼就可能永遠被列車拋下了。

天下沒有十全十美的房子。要麼是院子太小？要麼是房子太舊？要麼是臨街太吵？等到真的碰見了一個十全十美的房子，你喜歡的，別人也會喜歡，價格又變得太貴了。當人們不想做一件事情的時候，就會找理由和藉口。各種挑剔都會成為你的理由，讓你一而再再而三地錯過機會。

有時你會驚歎一個人不想做一件事情的時候扭曲現實的能力。和我同時來到灣區的一個朋友就是這樣。他後來搬到德克薩斯州去了。他給出不買房的理由就是自住房不是投資。因為他說自住房裡面的錢永遠都是看得見摸不著，你永遠享受不到自住房裡面的錢，因為你一直需要一個地方住。所以你自住房的錢永遠不是你自己的錢，因此你沒有必要買貴的自住房。你需要去便宜的地方買個便宜的自住房。為此他充滿自豪地和我講了一圈道理之後，等待我誇讚他的奇思妙想。

按照他這個道理，大家沒有必要生活在房價高的地方，所以應該趕緊逃離灣區。我當時反駁說房子的錢是可以抵押再貸款(refinance) 出來，你可以用這些錢去投資。另外你也不會永遠住在一個房子裡，或者永遠生活在一個地方。我們年輕的時候也許在這裡生活，老了天知道我們去哪裡生活。他說你在一個地方住久了，老了就不會搬走了。他說的當然有一定的道理。的確大部分人老了一直生活在他們年輕時候待的地方。但是你老了，可以縮減住宅(downsize),有很多老人退休後從比較昂貴的好學區，搬到相對便宜的社區。無論如何，說自住房不是真正屬於自己的財產的確是比較奇葩的理論。也可能是因為他當時就覺得自己已經很老了，反正他很快就搬走了，沒有留下來。

我在中美兩國一線城市的年輕人身上都看到類似的心態問題。包括今天新來到灣區的人，以及今天新從中國內地城市到上海和北京的年輕人。這些不良的心態我會在第十四章進一步說明。我沒有這些毛病，我自己的心態也很好，決定要買自己的房子，那就說幹就幹。不靠天，不靠地，不靠爹媽，只靠自己。買房子，首先要攢首付。

攢錢這件事情，如果是一個人，那很簡單，只要自律就好了。我已經一而再再而三地證明自己能夠省下 30%的錢，無論自己收入有多麼低，都沒有任何問題。但那個時候我有一個長期穩定的女友，一個很快將成為我太太的人。我需要說服她和我一起來攢錢。

我太太和我家庭出身不太一樣。我小的時候家境不錯，少年的時候失去父親，經濟變得非常窘迫，屬於是吃過苦的人。我太太是一向家庭優越的人。在她過去的生活經歷裡，從來沒有存錢的概念。每個月都是吃光用盡，偶爾還欠一點信用卡債務。

不是每個人天生就會理財，前面我說了，大部分人的理財能力往往和他們青少年的生活經歷有關。太太在我眼裡，是一個花錢散漫的人。她去超市買東西從來不看價錢。花錢既不記心賬也不記筆賬。當然我在她眼裡是一個對自己過於嚴格和節儉的人。

你瞧，在花錢這個光譜上，我可以看到，從最寬鬆到最節制的變化。我奶奶就是花錢最節儉的一端，我的太太是光譜的另外一端。在這個光譜上，從最節儉到最寬鬆，依次順序是我奶奶、我父親、我母親、我、我太太。每個人都嘲笑他們的左右兩端，或過於大手大腳，或過於太節儉，而唯有自己正正好好。最後似乎大家一輩子也都過來了。誰也沒餓死，誰也沒撐死。人活一世，可能怎樣都行，選擇自己快樂的方式就好。

我想說花錢這件事情上其實沒有誰是誰非。每個人按照自己喜歡和舒適的方式，決定自己的生活。而這些生活方式，都和他們的人生經歷和生活環境，以及周圍人的影響有關。我們每個人其實不必計較別人怎麼看你。因為你不可能讓每個人都認同你的價值觀。就像我無法讓我母親和我太太都對我的花錢行為滿意一樣。我只能讓自己滿意。這個滿意其實是跟隨自己的目標而定的。如果你為實現一個目標而做出消費方式的選擇，無論是選擇儲蓄還是選擇今朝有酒今朝醉，可能都是合理的。

大戶人家往往都有一些家訓一樣的名言祖祖代代傳遞下來。我太太家新中國成立前是大戶人家。家訓叫作"凡事量入為出"。這句話聽上去沒有什麼毛病，就是根據自己掙多少錢，指導自己花多少錢，不要超前消費。但在我看來，量入為出，等同於吃光用盡。如果按照量入為出的方法來生活，那基本上最後就是兩手空空。

我自己覺得，一個家庭最好的花錢方式，應該是量出為出。就是你只花你真實需要的東西。我總體的感覺是現代社會人們擁有的物質太多了。很多你購買的東西，在並沒有被充分利用之前，就被送進了垃圾桶。

為了買房子，我對我太太建議說把我們兩個人一半的收入省下來。當時我的年薪是7萬美元。我太太的工資和我差不多，我們一年合起來的稅前收入是 14 萬美元。我的計畫是，我們只用一個人的收入，而把另外一個人的工資全部存起來。這樣可以儘快攢夠我們的首付。手上有錢才有可能去尋找一個合適的時機買入房子。手上沒有錢，卻說時機不對就永遠是一句空話。輕言市場時機不對、房子不合適的話往往都是不去努力的藉口。

總體而言，女性比男性對購買住房有著更多本能和天然的支持。我後來在文學城上看到大量的小地主都是女性。男性更擅長一些動手的事情，能夠更好地打理房子。房屋投資帶來的安全感可能更加容易讓女性接受，而男性似乎更喜歡炒股，獲得賭博一樣快進快出的刺激感。如果我當時說存錢的目的是投資股票，估計我很難說服她。出於天然的母性，女性喜歡一個穩定的生活環境和物質保障。攢錢買房子再艱苦，卻是一件兩個人都一拍即合的事情。

04 買多少 401K？

我們把一個人的工資都省下來，但並不意味著我們一年可以省 7 萬美元，因為還要交稅。稅是不能逃的。工薪階級的稅，其實沒有什麼好的避稅的方法。扣掉稅每年能存下來的錢也就是 5 萬多美元。如果自己有 Small business 的收入，可以用各種方式，合理合法地避稅。

稅法是每個美國人的必修課。我這麼多年，從一開始兩頁紙的稅表到現在將近六十頁的稅表，我始終堅持自己親力親為報稅。報稅其實是一個很好的鍛煉，它可以幫你總結一年的財務狀況，也可以幫你規劃下一個年度財務計畫。最近十年我的稅表變得越來越複雜，我不得不請會計師幫我報稅。但是即使是這樣，我通常也會先自己填寫一下，然後交給會計師。最後我再對比一下兩個人的報稅結果。會計師的水準總體比我高，可還是會有值得進一步優化的地方。往往比較之後，我還能找出幾個會計師的漏洞。因為會計師的首要目的是不出錯，不被稅務局審計，並不是你的稅務最小化。還是那句老話，沒人比你更加在意你的錢。你不在意，沒人會在意。

2001 年我剛工作的時候，正趕上小布希當選。他推出一攬子的減稅計畫。我興奮地把他的計畫拿來，劈劈啪啪算了一圈。最後發現政客們喊了一圈口號，我一年的稅務差距，不過一兩千美元。才知道這些減稅，不過是糊弄人的把戲，無法從根本上解決問題。每個政客天天喊減稅，但是我們的稅賦總是越來越重，那是因為隨著通貨膨脹和收入的增加，大家名義上掙的錢越來越多。

美國號稱萬稅之國。你的年薪工資聽上去挺高的，但是要扣聯邦稅、社會保險稅、Medicare、401K。除了聯邦稅還有州稅和州失業保險稅。政客們喊喊口號，上嘴皮碰下嘴皮，可以完全不心疼這些稅費。老百姓卻是一分錢一分錢地過日子。看著自己的稅前收入不少，但是七扣八扣之後，所剩無幾。當然政客們會說，這些稅都是取之於民，用之於民。都是你老了和弱了的時候國家再來照顧你。

可是拜託，我現在不交稅，將來我老了，弱了，病了，也不需要你來照顧我行不行？我可否有這樣的選擇自由？其實每個個體比政府應該更知道如何規劃和管理好自己的人生。不需要政府指手畫腳告訴我今天該怎樣，明天該怎樣。我當時憤憤地想：我現在連自己住的房子都沒有解決，難道應該優先交稅給政府的福利計畫，讓我老了有養老院住麼？個人自由本是美國的立國根本，一定要從生老病死都綁在一起吃大鍋飯才好麼？

發牢騷沒有用，該交的稅還是得老老實實交。除了稅以外，購買養老金也是收入中扣除的大項。如果 401K 按照全額購買，那麼稅前工資的一半兒就沒有了。

我把 401K 過去的歷史回報記錄拿來計算了一下。我有充分的理由說服自己現在全額購買 401K 是不合算的。當然美國的股票長期是在增長，每年的回報率，有 8-12%之間。可是同樣的錢，如果放在自住房裡，按照過去 30 年的歷史，回報率要遠遠比這個高。

如果你不擅長數學計算的話，說一些簡單的道理你就會明白為什麼 401K不如自住房投資。401K 有稅收上的好處，就是無論你投入的錢和增長的錢都是延稅的，只是你最後退休提出的時候需要補稅。不過顯然 401K 在稅收上的好處，不如 Roth IRA。這在投資領域是大家早已達成的共識。也就是你退休前，應該先買足 Roth IRA，再去買 401K。

從稅收上來看，自住房和 Roth IRA 沒有什麼區別。因為自住房投入的部分是稅後的錢，但是增值的部分都是免稅的。夫妻兩人只要在自住房裡，居住滿兩年，那房屋的增值部分都是免稅上限的 50 萬。而且每隔兩年就有一個新的 50 萬美元免稅額。

從這個意義上來說，自住房就相當於一個大額的 Roth IRA，還不受每年額度的限制，還能有低息貸款。當然從來沒有人這樣解釋給大眾聽。所有的報紙雜誌，鼓吹的都是各種各樣的理財基金和股票投資計畫。因為那些理財投資計畫，都有華爾街作為受益者。因為是受益者所以使勁宣傳。資訊不會無緣無故地自動到你耳邊。就像世界上有那麼多品牌的馬桶紙，你家用的那個品牌也不會無緣無故地到你家裡一樣。背後有無數的人進行了精心的策劃和推動。購買自住房最大的受益者除了你沒有其他人，所以自然沒有那麼多的鼓動宣傳讓你先買自住房，再去購買 401K。

即使撇開生活品質、投資槓桿、低息貸款這些種種好處，總體而言，這三個投資的優先順序應該是自住房、Roth IRA、401K。不過有些人不是完全明白，也沒有做到按照這個優先順序去投資。

當然如果你瞭解各種複雜的退休計畫之後，你可能就會對美國政府的整個退休金體系感到絕望和莫名其妙。首先是品種繁多，有 401K、IRA。IRA 除了剛才說的 Roth IRA，還有 傳統個人退休金(Traditional IRA)，還有轉移個人退休金(Roll over IRA)。除了 401K 之外，還有 403B、457A，甚至還有 Roth 401K。你憑直覺就會問，怎麼搞出這麼多名堂?

這些名堂除了增加了稅收上的麻煩、報稅的複雜和政府的管理成本，我實在看不出任何的好處。為什麼不能把退休養老這件事情，很自然地回歸給民眾自己來控制呢?我們千百萬年來，不都是自己管好自己養老的事情嘛。有人以田產來養老，有人生養更多的子女而養老，有人積攢黃金、存金銀首飾珠寶來養老。有社保就能夠保障最底層民眾的基本生活，為什麼還要搞出這麼多養老的條目?直接把中產階級的稅降下來，讓他們自己管好自己的養老，不是更有效率嗎?

在我看來，這是華爾街遊說政府的結果。因為這些養老方案最終的錢都去了華爾街，每年交的管理費肥了華爾街的資產管理人。當時我還不明白，那些基金裡有那麼多黑幕。直到一些年後我在投資銀行裡工作了一段時間，才明白為什麼政府會搞出這麼多條目複雜的養老金。本質原因是美國是個利益群體推動政府政策的憲政體制。有利益群體，就會有遊說機構，就會推動國會制定法律條文為他們服務。這些法律條文是漫長年代慢慢演化過來的,往往積重難返。

我們是過平平常常日子的小人物。小人物看到社會不好的現象的時候，只能抱怨幾聲，寫寫文章。但不能指望這個社會立刻就會按照你的意願而改變。在投資理財這件事情上，最好的辦法就是利用現有的規則，去最大化你的利益，而不是一味地發牢騷。

我當時的辦法就是 401K 只買到公司的 match 上限。因為公司有 1:1 的配套,這些錢如果不好好地利用,非常可惜。配套以上的部分,我都堅決不購買。我需要用最快的速度積攢我的自住房首付款。

05 如何存錢？

我太太很快被我存首付款的家庭經濟政策折磨得苦不堪言。她跟我抱怨說,太難過了,每分錢都要精打細算。在此之前,她是個有多少花多少的人,自從有了預算管理,每花一分錢都要記帳,這讓她很不適應。

我只能不斷地給她去畫餅充饑。告訴她,有了房子的首付就可以有自己的房子,自己的院子。再說我們很快就會有自己的孩子,孩子就可以在自己的院子裡戲耍。我會在後院搭一個小孩的遊樂場,這樣你可以架個躺椅,逗孩子玩。夫妻交流大部分時候靠哄。這和公司 CEO 經常給員工繪製完美發展藍圖,動員打氣有異曲同工之妙。有了明確的目標,家庭內部才能同心齊力。

壓縮開支最好的辦法就是記帳。記帳對人的心理有著一種奇妙的功效。當不需要記帳的時候,一筆錢就很容易隨意地花出去。當需要記帳的時候,你就會反復想一想,這筆錢是否需要花。每個月把帳單重新對一下的時候,你就知道自己每個月開支都用在哪裡,也知道未來預算控制的方向是什麼。

預算控制也是省錢的好辦法。預算控制就是給自己定下來一個月開支的總額是多少,每個單項開支是多少？然後按照這個總額去安排自己的生活。如果沒有這個預算控制,把掙來的錢先花,花剩多少再存多少,那你就什麼錢也存不下來。有預算控制,把自己要存的錢先扣去,就當自己少掙了這些錢,然後按照少掙的錢管理自己的開支,這樣你每個月的存錢是可以保證的。

對於大部分家庭而言,首先要節省的是那些反復出現的,每個月或者隔一陣子就有的固定開支。例如電話費、網路費、汽車維修保養費用。這些錢,看上去不大,但是細水長流,因為它們一遍一遍地發生,累積起來數字就會變得很可觀。

按照當年機場接我的老宣的理財真經說法，我其次要避免的就是這些人工費用。我們當時還在開著我的那輛 Honda Civic。這輛車品質很好，沒有出過什麼問題。為了省錢，我把維修保養的事情都接了過來。汽車的剎車片我自己換。四個輪子，定期換位(Rotate)一遍。汽車的機油每三個月要換一遍，這事兒如果自己幹，大概只需要修車鋪的四分之一的價格。

手機我們選擇只開通一部，因為家裡和辦公室都有電話。出門開車的那個人拿著手機就可以了。剛工作的那幾年似乎也沒有長途出國的旅行計畫。只是開車到附近的國家公園去旅行。去國家公園旅館的費用都省了，因為可以選擇露營。當然選擇露營也不完全是為了省錢，露營接近大自然的快樂，也是住在旅館裡無法比擬的。

我從來都認為節儉和勤勞是美德。所以不會因為多勞動感到自卑和難過。週末的早上，我一個人在公寓停車庫給汽車換剎車片和機油，悠哉遊哉地聽著音樂，不急不慢地幹活。快吃中飯的時候，幹完活，滿手油膩地回屋吃太太做好的飯。她會贊許一下我修東西的本事。那種幸福的感覺不是錢可以買來的。無論是男性還是女性，沒有人喜歡四體不勤的大少爺和大小姐。

冬天裡我們依舊去滑雪，自己帶著火鍋，自己做飯吃的快樂，一點都不比在餐館少。可能因為那個時候是愛情最甜蜜的時候，兩個人只要能膩在一起，做什麼都可以。快樂和錢的花費多少，其實關係不是很大。關鍵是你是不是和你喜歡的人在一起，是不是在做你喜歡做的事情。

她說存十萬美元是一個天文數字，是不可能實現的任務。因為她當時從來沒有想到自己會有那麼多錢。幾年前她和我一樣也是窮學生。但是我這個窮學生，還能夠省出一萬美元。她畢業工作了幾年卻還是吃光用盡。

但是我們真的做到了。存錢計畫開始了一年半之後，也就是我工作了一年半之後，我手上有了十萬美元。存滿十萬美元的時候，我們高興得買了瓶酒，做了幾個好菜，在家裡慶祝了一番。我們不但有了購房的首付，可以挑選自住房了，而且我們存錢的速度一點也沒有降下來。每個月銀行裡還會多出四五千美元。

會走路的錢

生活的甜蜜，往往不在於靜態財富的多少，而在於未來是否有希望。人們關注的永遠是邊際的增量。

然而就在我們信心滿滿，開始到市場上挑選自住房的時候。災難就在眼前瞬間爆發了。美國經濟一下子進入了冰河紀，911到來了。

100,000-1,000,000 美元

很多人做不到自律地存錢，那是因為他們看不清財富增長的未來。如果你確切知道今天的每一塊錢，都可以在 5 年後增長十倍變成 10 塊錢。那麼你是不捨得花掉今天的這一塊錢的。

第五章 從 10 到 100 萬美元

01 房市與 911

不止一個人會有這樣的經驗。那就是當發生一些重大歷史事件的時候，每個人都記著那一天，自己當時在做什麼。多年以後，在你回首的時候，發生這些重大事件的那一天，當時的一幕幕仿佛都在眼前可以重現。而重大事件以外的日子就像從來不曾有過一樣的空白。

911 就是這樣的例子。那天和平時的很多個早上一樣，我迷迷糊糊地起來刷牙洗臉，做早飯，準備去上班。那個時候，網路還沒那麼發達，人們還不像今天這樣，一睜眼先看手機。我一邊做飯，一邊打開電視機看新聞。

當大樓倒塌濃煙滾滾的畫面呈現在我眼前的時候，我最直接的反應是按錯了電視臺，選了電影台，不是新聞頻道。因為那畫面像極了動作大片。我本能地按遙控器換台。此時鍋上煮著的粥馬上要開鍋了，我隨便摁了幾下就跑開了。等我再回來的時候，我發現無論我選擇哪個台都是一樣的內容，我才明白這是新聞，不是電影。

我的第一反應是把還在睡覺的女友叫醒，叫她過來一起看。然後立刻給我遠在中國的媽媽打電話，告訴她我在美國一切都好，不要擔心。深更半夜的電話把她嚇了一跳。我是擔心她回頭看了新聞，會胡思亂想地擔心我這個遠在美國的兒子，因為她可能不是特別清楚三藩市和紐約的空間距離。

然後我和往常一樣地去上班。當我到辦公室的時候，每個人都安安靜靜地坐在自己的位置上工作，沒有人提恐怖分子的事情，就像什麼事都沒發生一樣。但是我知道，其實他們每個人都在查看新聞。這和中國的辦公室文化很不一樣。不久公司人事部門發了一個給所有員工的郵件，說如果你今天感覺不舒服，你可以不用來上班。

下班的時候，當從最初的震撼中蘇醒過來，我首先想到的是這事和我有什麼關係，我會受到怎樣的影響。廣播裡反復說的是"美國從此將變得不同""America will be different after this"。作為一個外國人，我無法特別深刻地理解這句話。會不會出現排外的民族情緒？會不會限制移民？當時我的綠卡手續還沒有開始辦理，而我們又在準備買第一套房的節骨眼上，會不會出現嚴重的經濟衰退？好在我現在手上有了 10 萬美元了，無論發生什麼，都有一定的抗打擊能力。

在 911 發生之前，2001 年初聯儲局就已經開始一輪一輪地降息。雖然降了好幾次利息，股票價格還是一跌再跌，像扶不起來的阿斗。911 發生之後，股票交易市場乾脆關閉了好幾天。當市場重開的那天，聯儲局也是下了狠手，一下子又把利率下調了 0.5 個百分點。股市下跌了近千點之後，才稍稍穩住。不過，即使這樣下調，也沒有辦法挽救股票。幾天後股市依舊是一瀉千里。每個人都屏住呼吸，捂住自己的錢袋子，不知道未來會發生什麼。

此刻，如果你是一個正在尋找工作的人，那就會變得非常的不幸。大部分公司都選擇等一陣子再說。連格林斯潘自己都說，不知道飛機安檢帶來的延誤會對經濟造成多大的影響。我聽到這句話的時候，覺得人們是在一種集體的情緒中失去了理智。因為你只要理性地想一想，飛機安檢多了一個小時，能給經濟帶來多大影響？在我看來，基本上是零。

不過一切都是信心，沒有人知道，在恐慌中這次衰退會有多嚴重，會持續多久。在911發生之前，我已經看中了一個住房。我們幾乎和賣家已經談好了，合同就差落筆簽字。其實應該說，自從搬到灣區之後，我幾乎一直在看房子。只是那個時候我湊夠了首付，要真正落實買房的事情了。

911事件發生之前，我當時的構想裡，買房子有三種選擇方案：

第一種選擇方案是在好學區核心區域，買一個"小黑屋"。"小黑屋"就是地比較大，房子非常破，也小。矽谷早年並不富裕，從 50 年代到 80 年代蓋的很多房子比較低矮。因為低矮而且採光不好，所以大家管它們叫小黑屋。小黑屋雖然看起來很黑，可實際上是一個聚寶盆。因為房子本身並不值錢，是那塊土地和房屋建造許可值錢。

因為大部分人不喜歡小黑屋，所以小黑屋價格比較低，你的居住成本也比較低。另外一方面，因為總價低，所以地稅也會比較低。當你把小黑屋修繕一新之後，就可以坐等土地的升值，並且因為加州的 proposition 13 法案，可以長期享受比較低的地產稅。

這樣的方案從投資的角度非常好，可是生活品質會受到影響。尤其是對我們這些從外州來的人，看著那些小黑屋，一萬個理由不想住在裡面。因為在外州我們已經看慣了那些比較高大且新的房子，覺得那些小黑屋實在不值這個錢。一想到自己在那小黑屋裡，要生活十幾年，就開心不起來。

當然也有朋友勸我們說到灣區來要適應一陣子這裡的價格。心理上承受能力適應了，"小黑屋"住習慣了，看習慣了也就好了。實在不行就屋頂上多開幾個採光窗。

不過"小黑屋"和我們每個移民懷揣的美國夢理想總是有些格格不入。我還沒有來美國之前，就知道有一句話，是一句玩笑話。就是說一個男人這一生，要"住美國房子，開德國車，娶日本老婆，喝法國葡萄酒，泡義大利妞。"

雖然是一句玩笑話，但是美國因為地大物博，人口密度低，所以住房比歐洲和亞洲的條件好太多了。應該說，在我後來的旅行經驗裡，我的確沒有看到世界上還有哪個國家比美國更容易擁有價廉物美的房子。如果享受不到美國的這點好處，我們到美國來又是為什麼呢？所以這個方案雖然經濟上非常好，但是基本被我否定了。

第二選擇方案的經濟性會更好一點，是帶我看房的一個仲介建議的。他說在大城市，想降低自己生活費用最好的辦法是買一個雙拼(Duplex)。這樣可以把房子的一半出租，一半自住。隨著租金的上漲，等房租可以基本和房貸打平了，你自己的居住成本就可以下降為零，等於讓別人幫你付貸款。

Duplex 有很多種，有的是從中間分開的，兩個單元共用一面牆的正兒八經的 Duplex。還有就是在灣區的一些老房子，業主自己改造過的。一層和二層有不同的出入通道，相當於上下兩層的 Duplex。Duplex 的好處有兩個，一個是有人幫你付貸款，另外一個就是當你搬出去之後，你還可以把自己住的那部分繼續出租。多單元住宅(multifamily house),總的來說租金收益要超過獨立單元住宅(single family house)，而且你還可以維持比較低的房產稅基。

當然在生活上，頭十年你需要稍微委屈一下自己。畢竟你的房客就住在你的隔壁，所以沒有太多的隱私。另外雖然你是地主，但是卻需要三天兩頭跑到房客家，幫他們修下水道，修馬桶，修電線。這會讓你心裡感覺不好，讓你覺得是個長工，全然沒有地主的感覺。

這兩種方案，我覺得都不是好主意。錢是為人們服務的，而不是倒過來。居住環境是生活品質裡很重要的一個因素。你可以不去買那些從來不穿的鞋，不在意開什麼品牌的車，但是居住空間卻實實在在是每天你幸福感的來源，因為你 70%的時間在自己家裡。

那個時期不知道看了多少個房子。每個週末都是房產仲介帶著我們，在周圍的幾個社區裡到處轉。可是看了越多新房子，就越不想住"小黑屋"。新房子寬敞明亮，外面的街道整齊乾淨。可是新房子往往是離中心比較遠的地方，而且學區普遍比較差。中心地帶的好學區房雖然也有十年左右比較新的房子，但是價格不是我們承受能力範圍內的。

02 小黑屋

仲介總是努力勸說我們買小黑屋。仲介跟我們說，小黑屋外面的街道雖然沒有那麼整齊，可是畢竟沒有物業管理的費用。一切都是羊毛出在羊身上，你是願意外面的街道稍微亂一點呢？還是願意每個月多花幾百元買個不屬於自己的整齊？

我想來想去，覺得我一定要住在好學區的十年新左右的房子裡。於是否定了前面兩個方案，給自己制定了第三個方案。

這三種方案其實是我自己總結的。大部分在加州生活的人都建議你買房子要一步到位，因為proposition13的原因。如果你在好學區買一個房子，雖然每年價格在上漲，但地稅的上漲是有上限的。我不這麼看，我認為一步到位的可能性不大。數位在那裡硬擺著。我當時面對的選擇是這三種房子：

A 好學區的比較新的獨立單元式住宅，當時售價是 80-90 萬美元左右。

B 好學區的獨立單元式"小黑屋"，當時售價是 50-60 萬美元左右。

C 偏遠一點的一般學區獨立單元住宅，當時售價是 40-50 萬美元左右。

我當時手上只存有 10 萬美元。這是一道很簡單的數學題，就是如何用 10 萬美元得到 A。為了得到 A，需要 20 萬-30 萬的首付。因為我想儘快地解決我自己住的問題。我可不想存錢了五六年之後，再一步到位買自己的住房。那個時候我們還沒有孩子，並不需要學區房。

當然這是一方面的考量，另外一方面主要是我比較了灣區的各個不同區的歷史價格變化。我發現一個規律：就是無論是好的學區，還是普通的學區，以及糟糕的學區，在歷史上他們長期價格的漲幅是一樣的。比如 30 年前，當時好學區的房價比普通學區房價貴一倍，那麼現在依舊是貴一倍。那麼無論是好區、壞區還是中等學區，差不多房價都是上漲了一樣的比例。

但是好學區房和壞學區房的區別是：好的學區價格比較平穩，漲的時候和跌的時候，幅度都不是那麼大。一般和差學區價格起伏比較大，似乎更容易受到泡沫的影響。我覺得這是一個看得見機會的地方。就是利用價格前後的時間差，從中可以解決學區房的問題。也就是，如果你認為房價的通道是在上升的過程，那應該買相對差一點的學區房。這樣，它漲幅比較快，把它賣掉之後轉身可以買學區好的房子，因為好區的漲幅還沒有那麼劇烈。

這是一方面的考量，另外一方面我也的確是囊中羞澀。好不容易省下來的錢，我並不想一股腦全部花完，我還有另外的打算。那就是關於投資中國的考慮。

03 會走路的錢

"投資中國？"可以說我當時不敢和任何人討論這個荒唐的想法。在當時的 20 世紀 90 年代末，甚至 2000 年初的很多人眼裡，離開中國之後，他們覺得中國就是一個永遠貧窮的地方。除了接濟窮親戚，在金錢上不想和中國有任何關係。當時我一個連自己的基本住房還沒解決的人怎麼會想起來投資中國呢？

我一直堅持的一個投資理念就是不要和有錢人去拼體力。你最好和未來的有錢人混在一起，比他們早一步看到他們的需求。我自己也不是特別清楚我的這個投資理念是從何時形成的，但是這個策略是一個行之有效的策略。後面幾年裡一直指導著我的投資。我把這個概念統稱為"會走路的錢"原理。我會在下一章也就是第六章詳細闡述。

這個投資理念用在房地產投資上面，就是跟著窮學生走，到屌絲聚集的地方去投資。當時我決定買上海的房子和灣區非核心區的房子都是同樣的一個思路。因為我不太相信，從五湖四海來到灣區的年輕人，他們能夠一下子買得起核心地帶的學區房。但是人總是要找地方住的，所以我覺得偏遠一點的普通學區普通住房是這些人的落腳點。

而這些到灣區的年輕人以後都會變成相對有錢的人，因為他們年輕聰明。再過幾年，他們在職場上工作獲得提升，收入就會增加。源源不斷有人進來，房地產價格就會有上漲的希望。

因為考慮要買上海的房子，雖然我當時手上攢了 10 萬美元，但是我只打算花 5 萬美元，解決我的住房問題。我用 5 萬美元付了 10% 的首付，購買上面的 C 選項。就是遠一點的 45-50 萬不到的房子。這個價格可以買到新房子。當然因為我只付了 10% 的首付，所以我還需要第二按揭(secondary mortgage) 和額外的按揭保險(mortgage insurance)。我算了一下，這筆開支是非常值得的。

這是一個好的選擇，一方面可以解決我不想住小黑屋的問題，另外一方面我認為這個非核心地區的房價上升速度要比學區房會快一些。按照我的預測，過幾年後把這個房子賣出，然後用掙的錢做首付去買學區房。

道理和邏輯，雖然通過細心研究房地產的價格規律就可以算得很清楚，我當時有充分的信心覺得我的判斷是對的。可是事情的發展，並不是和你想像的一模一樣。最大的變化就是 911 發生了，恐怖分子襲擊了紐約。

04 房市恐慌

911 發生之後，房地產市場陷入了極度的恐慌，包括我自己。我本來已經看中的一個房子，但是 911 發生之後的那個週末，我不得不和仲介說，我不打算買這個房子了。那個仲介帶我們看了一個多月的房子，好不容易快要成交了，很不開心。不過他也只能無奈地搖搖頭，說表示理解我們。

當時的賣家為了急著出手，把價格一下子又降了 3 萬多美元。但是我依然害怕。根本不敢出手，因為沒有人知道，經濟未來會變成什麼樣。每個人都擔心，今天上班明天工作是不是就沒有了？我不知道最後這個房子花落誰手了，不管怎麼說，勇敢買進的人是個精明人。回頭想想，當時的擔心可能是多餘的。當人人恐慌的時候，可能就是買入房子最好的時機。

不過我錯過了那個時機。為了證明我自己的選擇是正確的，我去另外一個在建樓盤去看房子。這是一個我看過好幾次的樓盤，但是因為房型、地點等問題一直沒有決定買。之前我每次去銷售處，經理的嘴臉都是冷冰冰的，一副愛買不買的樣子。但 911 發生之後，那個銷售經理完全變了一個人一樣。我去的那天滿街插的都是大拍賣的旗子。開發商連房價都不標了。我披頭就問，還有房子在賣麼？銷售經理笑笑說，還有很多房子，這些所有的房子都在賣。之前是賣一批建一批，現在是所有的房子都賣。

"所有的？" 我有些吃驚地問。他說是的，開發商想清盤。然後他客客氣氣地把我們讓到辦公室。我問他"這些房子現在賣多少錢？"

他反問我道"你開個價吧。你說你想花多少錢買？"

我一下子被他這樣反問弄愣了。他說公司決定不再明碼標價，而是跟客戶直接溝通價格。所以他問我你們打算花多少錢，他立刻就可以和公司去協商。而且我們可以買整個開發專案中的任何一個房子。當時已經建好的房子，大概有三十幾棟。我們不但可以隨便出價，而且可以順便挑房源。

但是人心就是這樣，當所有人都恐懼的時候，你也跟著恐懼。大家都覺得這是經濟災難的開始，所以我也是壓根兒不敢買。消費者都是買漲不買跌的，特別是對於投資品。賣家越是這樣客客氣氣地讓價大拍賣，越是賣不出去。

我竟然張口開價的勇氣都沒有,就客客氣氣地告別銷售經理,回到了家裡,打算繼續存錢等機會。

05 浦東的豬圈

那個時候,中文網路資訊還不是很發達,大部分的中文廣告還是刊登在《世界日報》上。每週我們買菜的時候,都會去買世界日報。世界日報有一個小小的廣告欄目,裡面登了一些中國房地產的廣告。其中一個廣告吸引了我的注意力,就是有人在試圖脫手上海的房子。當時廣告大概是這樣寫的,"靜安寺 3 室 2 廳,140 平米,售價 100 萬人民幣,可貸款。"

從我在上海讀研究生買賣股票的時候,我就知道在上海買房子是一個好的投資。說起來很好笑,我的這些知識並不是從任何課本上和書上獲得的,而是來自 1993 年的一次上海的公共汽車之旅。上海交通堵塞嚴重,去城裡需要坐一個多小時的公共汽車。有一次我坐公共汽車,聽到兩個中年人在侃大山。兩個人說過去幾年幹什麼最賺錢。

一開始兩個人用貨幣來說幹什麼最賺錢。後來兩個人意識到貨幣貶值嚴重,曾經的萬元戶現在不算什麼了,於是兩個人用桑坦納轎車作為計價單位來討論。當時一輛桑塔納轎車大約是 20 萬人民幣的樣子。

一個說:"炒郵票最賺錢"。他已經靠炒郵票賺了一輛桑塔納了。

另外一個人說:"炒股最賺錢"。他已經炒股賺了兩輛桑塔納了。

一個接著說:"你套現出來了嗎?沒出來都不算賺到錢,因為還會吐回去。今天兩輛桑塔納,明天讓你只剩下四個輪子。"

另外一個接著說:"要是這麼說的話,養豬最賺錢。"

我當時在邊上聽了一愣。忍不住好奇關注了起來。為啥呢?我心裡嘀咕。

另外一個人接著說,他的一個親戚,原來在浦東用農業貸款開了一個養豬場。養豬場本身從來不賺錢,勉勉強強打平。但是 1991 年上海開發浦東,他把豬圈轉手一倒賣,賺了十輛桑坦納。

"十輛桑塔納！"那個中年人揮舞著指頭比畫著。"而且是空麻袋背米，自己什麼錢都沒出，還是土地來錢快。"

他當時眉飛色舞的樣子給我留下了深刻的印象。也是我第一次知道什麼是投資房地產。今天看來，那個養豬場的經營模式一遍遍在世界各地上演。這個模式的基本道理就是用別人的錢來投資，維持一個平衡的現金流。然後在土地和房產升值後，把房地產賣出。美國的中餐館經常用這樣的辦法，他們先買下一個生意清淡的店，努力把它做火。賺錢不賺錢不要緊，只要打平就可以。做火之後，讓下家看到有高額的流水，然後轉手加價賣出。

今天的張江高科技園，最賺錢的企業不是風頭最健的高科技企業，而是最早一批入住張江的企業。這些企業本身往往從頭到尾從來沒有賺過什麼錢，但是靠早期在張江經營而擁有了大批土地和辦公室。現在只要收收房租就賺大發了。

高科技企業、中餐館、養豬場。名義不一樣，但是本質上的經營模式都是一樣的。首先是盡可能地用別人的錢、銀行的錢，然後是坐等土地升值。可惜在 90 年代明白這個道理的人不是特別多。大部分經營者的關注點往往在企業本身，老想著怎樣通過企業本身賺錢。其實在充分競爭和充分效率的市場環境中，讓一個企業本身通過業務賺錢，實在非常難。

當時的我還沒有這樣的生意頭腦，不明白這兩個人對話背後的道理。我只是通過他們的對話知道房地產投資是個好買賣。這個好奇心很重要，它讓我後面有機會好好研究上海的房地產歷史，從歷史中尋找未來可能的投資機會。

我自己在上海待過，所以我知道上海人對房子是怎樣的一種執著。建國之後到"文革"結束期間，上海屬於控制發展的特大型城市。當時制定的政策是優先發展中小型城市，嚴格控制大型城市，特別是超大型城市的發展。所以上海從頭到尾都想著是疏散人口。為了能夠把人更好地疏散出去，上海在整個 70 年代，幾乎沒有建任何新住房。因為建新住房和國家計畫相悖。這就導致了上海在整個 8、90 年代房屋嚴重短缺。

會走路的錢

每個熟悉 70 年代末知青回流歷史的人，都會知道居住空間給上海人帶來了什麼樣的心靈痛苦和創傷。這個局面一直延續到 20 世紀 90 年代初，每個人都是八仙過海，各顯神通，用盡一切力量，放棄一切人情和尊嚴，只為了自己有個小小的居住空間。80 年代，我上海的一家親戚就是九口人居住在一個不足 30 平米的房子裡。那一間房子並沒有獨立的衛生間廚房。它只是一個四四方方的空蕩蕩的房子而已。

我認為上海居民隨著改革開放變富裕之後，每個人都會拼盡全力拿出所有的錢，去改變他們的居住空間。而他們的收入增長的很快。90 年代中我看過一個統計，上海當時大學畢業生每年收入增長為 30%左右。現在他們還相對比較窮，但是我覺得再過幾年他們就會變得比較富裕。這樣的收入快速增長在香港和臺灣的發展歷史上都曾有過。

我還仔細研究了上海 100 多年來的房價歷史變遷。應該說上海地價在鴉片戰爭後開埠後並不貴。最大的變化就是太平天國和抗日戰爭之後。太平天國的時候，由於租界是安全地帶，江浙滬大量的人湧入租界，導致房屋短缺，房價暴漲。抗日戰爭爆發，租界因為相對安全，大量的人口湧入租界。如果你嫌現在上海居住困難，你可以看看 1937 年的租界是什麼樣的居住密度。上海和香港一樣，都是幾次戰爭促成了人口的流入和繁榮。

我後來又讀了舊上海幾個大亨的發家史。無論是哈同還是沙遜，在一個快速發展的城市和地區，最賺錢的往往不是實業本身，而是土地。哈同和沙遜做房地產的手法也基本相同，都是在某些政治動盪的關口，在人人恐慌不想要房地產的時候，或者在大家還沒富裕買不起房子的時候，比其他人早一步，大舉買進並長期持有。

如果你覺得上海曾經的控制人口的房屋建設辦法很荒唐。你可以去深入瞭解一下今天中國一線城市的土地政策。過去 70 年就沒有什麼變化。沒有那個管理者喜歡更多的人湧到自己的城市裡。因為多一個人就是多一分麻煩。人性使然。讀史可以明今，也會讓你明白到底應不應該投，如何投資世界的一線城市。

綜合了很多原因，我當時堅定地認為要在上海當地人還沒有能力和我拼體力購買住房的時候，買房子。投資上海的房子是毋庸置疑的，只是 2001 年的時候我在猶豫，我到底應該先買自住房還是投資購買上海的住房？

錢是為人服務的。也不能為了賺錢，弄得自住房都沒有。兩方面權衡一下，我當時做出了一個更為大膽的決定：兩個都買。可是我實在不是什麼有錢人，只是灣區一個普通得不能再普通的工薪階級。但是作為普通的工薪階級，這些錢拿到中國還是很能當錢使的。

在當時的中國，雖然有個別的人比較有錢，但是普通的工薪階級每個月的收入也就是 2000~3000 人民幣。而我們的收入折算下來，一個月有 10 萬人民幣。這是以一當十的絕對優勢。這個差距在急劇消失，因為就在幾年前，他們的工資不到 1000 元人民幣。轉眼間上海當地人收入已經漲了三倍。此時不買，更待何時？

所以我開始在中國積極地看房子。當時是委託我在上海的親戚幫我看有沒有合適的房子可以買。我的女友在上海也有親戚，兩邊的人都幫我們一起看房子。上海的市中心那個時候就是一個大工地，新樓盤層出不窮。浦東更是一眼看不到頭的腳手架，數不清的在建樓盤。

在當時應該說很多美國華人可以買得起上海最核心區的任何一個好房子。不過並不是沒有人給我潑冷水。我的一個遠在北京的親戚就給我潑冷水，他說他剛從浦東出差回來，他覺得那裡空置現象嚴重，大量的樓盤蓋好了沒有人接手，賣不出去。

直覺告訴我，他的話不見得對。按照中國這麼大的體量，上海北京的人實在太少了，還會有無窮無盡的人湧到一線城市。法國一半的人口都在大巴黎。超大城市人口聚集是不可阻擋的經濟規律。我們的政策人為地降低了這個速度而已，而最終政府只能靠房價阻擋洶湧而來的人群。

我的兩個老中同事和我聊起來在上海買房子。他們也都是負面之辭。兩個人都是地地道道的上海人。一個年紀大一點，他說上海房價已經太高了，當地的上海人怎麼會買得起那麼貴的房子？因為當時本地人工資收入 2000-3000 一個月，而房價是 5000 元一平米。即使不吃不喝，也要 200 個月才能買一個 100 平米的住房。另外一個同事說起中國的房子就只是搖頭。他說那根本不是你的產權，你只有 70 年的使用權。70 年之後，國家統統收走。另外他對中國的建築品質也表示堪憂，他說大部分房子三四十年之後都會變得破敗不堪。

上海人以精打細算而著名。和我說起來這事的時候，他還仔仔細細地跟我算了一下賬。按照每個月租金。在上海買房子是一件多麼不合適的事情。因為你購買一個 100 萬的住房，月租金當時只有 3000 元，一年的租金也不過 3 萬元，要 30 年才能收回投資。既然 30 年才會收回投資，大家會選擇租房子而不會去買房子。

我當時非常堅定的認為，他們說的都不對。他們最大的問題就是用靜態的資料分析未來。他們沒有考慮到未來收入和未來房租的變化。上海人現在不富裕，但是按照每年 30%的增長，再過 10 年之後他們就會變得富裕起來。租金也許現在是低的，但是租金和收入基本上是同比例的增長。總體而言，城市居民平均要拿出他們收入的 1/3 左右用來支付住房消費。美國 200 多年以來的資料大體都是如此。

我當時沒有找到更古老的資料。但我懷疑即使在封建時代，哪怕是在原始土穴時代，人們也是拿出自己獲得的 1/3 的勞動力，用來改善居住。因為居住是剛需，一個人 90%的時間是在室內度過的，現代城市的居民 60-70%的時間在自己家裡度過。住房是剛需，因為人長期在家，捨得花錢營造一個好的環境。在過去 200 年裡美國的科技發生了翻天覆地的變化，可是人們還是和 200 年前一樣，拿出 1/3 的收入用來住房消費。這可能和人的天性有關。不然那些封建貴族不會花那麼多錢去裝飾自己的城堡。

至於說 70 年的房屋使用權，那簡直就是一個自欺欺人的說法。如果你熟悉歷史，你就知道那是一個不得已的變通辦法。因為憲法裡寫著土地歸國有，你總不能讓政府真的把土地賣給你吧？那是政府給自己找的臺階，保持公有制革命合法性，讓政府留有顏面。除非哪天政府不想混了，才會到了 70 年把好好住在自己家裡的老百姓從家裡趕走。

在這個購房的討論中，我也基本上明白了另外一個道理。那就是和我持反對意見的人，他們不是不明白自己的道理不靠譜，只是他們不願意正視對他不利的理由。大部分人思考的邏輯是先有結論，再去找道理。我自己也不能倖免這個規律。如果你想做一個事情的時候，你會找千萬個理由支持自己做這個事情。如果你不想做一個事情，比如在當時，如果你不想買上海的房子，你會給自己找各種理由說明自己判斷的正確性。理由不是判斷結論的依據，往往只是自我安慰。

你想成為富人，你想變得有錢，你自己會想辦法去實現這個目標。如果你一開始的結論就是我買不起，我無法投資，我不可能有錢，那麼自然而然你也就給自己找各種理由，然後真的就是不會去投資，最終也不會變得有錢。

06 選房

在年輕的時候，你經常會發現生活中很多事情全部都交織在一起。在那個紛亂的時候，我和我的女友決定結婚了。我們的婚禮很簡單，沒有請任何人，只是和她與她的家人一起去阿拉斯加進行了一次旅行。那個旅行和其他次旅行沒有任何區別，只是遊玩了一下風光。我們沒有買什麼金銀首飾，更不說去買什麼鑽石，因為我覺得結婚買鑽石，絕對是徹頭徹腦的鑽石商的騙局。一個"愛情恒久遠，一顆永流傳"的廣告語就把大家洗腦了。沒有任何統計資料證明買鑽石的比沒買鑽石的離婚率低。

愛情是兩個人的事情，兩個人覺得心意到了，也就應該結婚了。並不需要一個破石頭來證明兩個人互相很相愛。更不用奢侈的婚禮向世人告知我們很相愛。兩個人是否相愛，彼此心知肚明，和其他人沒有關係。

至於我的父母，那就更簡單，我只在電話裡告訴我媽媽，我結婚了。然後給她寄去一張合影照片。兩個人相愛，最好的方法就是共同做一些事情。無論是營造自己的家。還是共同去創業。對於我們來說，當時我們兩個最熱衷的共同事業就是營造財富。

會走路的錢

　　上海的親戚們很快有了回應，他們分別幫我們挑中了兩套住房。一個是在靜安寺的一套住房，一個是在徐家匯的一套住房。但是都建議我們回去看一下再定奪，要確定這是我們喜歡的房型。

　　很多當時回中國買房子的人，都卡在這個事情上。就是要等他們順道回中國的時候才能購買。因為需要他們去看這個房子是不是他們真正喜歡的。而看來看去就把機會看丟了。因為當時的房價已經蠢蠢欲動。很多人已經開始提前一步，紛紛搶購。如果你看過電視劇《蝸居》，你就大概知道當時購買房屋是怎樣一個情景。

　　一個房子開盤買賣，無論是二手房還是新房，一下子就會湧進來十幾個買家。然後業主站在房子中間，漫天要價。那十幾個進來的買家，紛紛報價，看誰報的高，誰就能夠得到。大家驚歎買房子比買白菜決定的時間還要短。

　　這樣的市場情況下，等你還去看什麼房型挑挑揀揀，還哪裡有你的份兒。我當時的決定就是，房型不重要。因為在中國的公寓房，其實沒有多大的區別。3 室 2 廳也好，4 室 1 廳也好，都是平面上一些簡單的佈局。畢竟只是一個毛坯的公寓，只要房間方方正正，不要是底樓和頂層就可以了。美國的住宅形式不一樣。美國的住宅需要比較院子的大小、房屋的採光、平面的佈局、裝修的風格、後院的風景，所以光看圖片是不行的。

　　當然最關鍵的是中國買房子純粹是一個投資行為。我又不去住，我為什麼要關心房型構造，或者我是否喜歡呢？我喜歡又怎樣？我不喜歡又怎樣呢？

　　當時我對投資房地產的大部分經驗都來自小說和傳記。在我買投資房之前，我沒有看過任何一本專業的房地產的書籍。我的很多知識都是來自一些名人的故事。比如大家都知道康有為是變法改良的先驅，我讀他的故事，意外注意到他其實是在墨西哥投資土地中發了一筆財。和他同時代的梁啟超先生，學位人品都俱佳，可是他和子女的書信往來很多內容都是關於房子買賣的討論。他能夠一直過著比較富足的生活，很大一部分原因也是投資有方。更近的歷史中，給我最大觸動的是連戰的母親是如何做到臺灣巨富的。應該說連戰家到臺灣開始只是一個不起眼的小家族。連戰父子忙於公務，他們家有錢完全仰仗連戰母親投資理財有方。她的做法就是在臺灣經濟起飛期間，持續購置了大量的房屋和彰化銀行的股票。

所有這些投資理財的故事都告訴你，房子最重要的就是地段。而地段是地圖上可以看到的，所以我根本不需要飛回上海去看具體的房型情況。我是那個時候在中國買房子，少數房子看也不看就決定的人。

大部分人在做重大財務決定的時候，採用的是鴕鳥或者是隨波逐流的方式。因為花一大筆錢出去，大家心理上會本能地感覺到害怕。面對令人擔心的事情，拖一拖是相對保險的方式。所以人們用各種各樣的方式給自己拖一拖找理由。這些理由包括房子我還沒有去看。房子租不出去怎麼辦？貸款我辦不成怎麼辦？等等。

在投資理財論壇上，後來經常有人歎息他們和各種投資機會如何失之交臂。於是我也觀察和思考很多人在投資重大決策面前錯失良機的原因。不是他們不明白，而是明白了，但是做不到，就是古人所謂的知易行難。我把它歸結為執行力。就是很多時候我們知道一個正確的事情要做，但是自己的執行力欠缺。和我同期也有大量的海外華人意識到投資中國房地產的重要性。在以後的日子裡，我也觀察到很多人明明知道是投資灣區房地產的好時候，但是他們就是做不到。很多投資你知道，但不見得能做到。但是如果你沒有做到，那你知道又有什麼意義呢？只能讓自己空歎息，當年如何如何，全部一場空。

我當時下了死決心，就是我無論如何要做到。但是我可以用的錢不多，我只能花最多 5 萬美元。當時看中了一個 100 萬人民幣左右的房子。中國當時買房子首付 30%，外加上一些稅費。所以我準備了 40 萬人民幣，也就是 5 萬美元就夠了。

當時沒有人清楚海外華人買中國的房子的手續怎麼辦。我自己也不清楚，只能是瞎子摸象，走一步看一步。為了堅定自己的信心和決心，我把 5 萬美元先匯回中國再說。然後開始諮詢如何去大使館辦各種公證手續。我相信一個道理，那就是當手續已經完全正規化的時候，一切都已經晚了。

正當我要克服一切困難，動手買入的時候，不幸的事情又發生了。真是好事多磨，一波未平，一波又起。

07 搶房

那就是中國爆發了非典疫情。非典疫情一下子讓上海北京這樣的大城市一夜之間變成了鬼城，街上空無一人，每個人都躲在家裡。老外都跑光了，開發商的銷售處空無一人。沒有人知道，非典疫情會持續多久，也不知道對經濟會有多大的影響。我親戚給我的建議也是，你等一等吧，等疫情過去之後再說。因為那時市場陷入了持續的恐慌，人們也不願意出門，特別是沒有人願意到人多的公共場所。

於是我陷入了焦急的等待。美國這裡是 911 之後的蕭條，中國那邊是非典疫情下的蕭條。而美國聯儲局還在繼續降息。應該說我當時對宏觀經濟並不是很懂，於是我諮詢一個學經濟的博士。他倒是很熱心，把利率、蕭條、股票、房價、通貨膨脹等各種因素給我科普了一下，然後大概跟我解釋了一下它們之間的變化關係。但是做學問人的話，總是雲裡來霧裡去的，告訴你一大堆現象，但是就是不會給你任何有用的結論。

我追問他結論是什麼？到底是漲還是跌。他倒是對我說了老實話，那就是宏觀經濟學到今天只能做到解釋某些現象，預測功能還很差。你隨便找出十個經濟學家，五個看漲，五個看跌。我當時以為那是因為經濟學還不夠發達，也許哪天有牛頓這樣的人物出現，也許就能把經濟學扳上科學的軌道，我們就能像預測鐵球何時落地一樣預測資產價格的變化。現在我知道那是永遠不可能的，因為即使有人能做出那樣的精准預測模型，那麼資產價格也不會一步到位，而是在那個預測的價格左右波動，因為人人都會逐利。從經濟學家那裡是永遠得不到任何對於未來形勢判斷的結論的。所有對未來的預測必定都是模棱兩可的。

然而永遠不乏大膽的人嘗試預測，想一舉成名。當時我印象中《財富》雜誌有一個封面文章。上面畫了一個懸崖，懸崖上面是一個搖搖欲墜的房子。標題就"房地產是不是股市後的下一個?" "Is real estate the next after stock market?"

這樣的標題看著很嚇人。估計那本雜誌賣得不錯,因為聳人聽聞的標題和畫面總是可以抓人眼球,讓大家忍不住去翻一翻。我反反覆覆把那篇文章讀了好幾遍。總的來說那篇文章說的就是,經濟下調之後房價不暴跌是不可能的,只是我們不知道暴跌的幅度有多少。

又過了幾個月,我給我的仲介打了一個電話,我問了一下上次我看中的那個 50 萬美元的房子,賣掉了沒有?

仲介跟我說,原來的房東降了 3 萬美元之後,一個月後賣掉了。這讓我有些著急。一方面我在急切地解決自住房問題,想過上標準美國夢的日子。另外一方面,那個時候我太太已經懷孕。懷孕讓女性有本能的築巢心理,她希望儘快找到一個房子,把我們自己的住房安定下來。

於是我們又到上次去看過的那個新開的樓盤去看,看看那個任我開價的樓盤賣的怎麼樣?如果可以的話,也許我們可以開一個很低的價格,看看能不能撿個便宜。不看不知道,一看嚇了一大跳。

滿街大拍賣的紅旗不見了,一個人都沒有了,全部撤了。連各種指路牌子都沒有了。好不容易找到了銷售辦公室,懶懶散散的只有一個人。我問還有房子賣麼?他說都賣光了,一個都不剩。

這把我嚇了一大跳。人們總的心理是買漲不買跌的,我也一樣。我想起用假餌釣鱸魚的場景。我就是那個水中的鱸魚,看見眼前誘餌在迅速離去,想也不想地要衝上去來一大口。我連忙翻看《三藩市時報》San Francisco Chronicle,那個報紙每個周日都有一個房地產欄目的專刊,上面列著所有灣區的新建樓盤。然後立刻馬不停蹄地去另外一個新的開發商樓盤那裡購買新房子。

在那個開發商裡,我看到的是一個新的景象。就是在銷售辦公室門口大家開始排隊。需要排隊抽號才能夠買房子。人就是這樣。前幾天讓你隨便開價,隨便買,你就是不敢買。這個時候加價了還要排隊抽號,大家不惜寒風中排隊一個晚上也要買。

好不容易拿到號之後。你還要去給房子加價。你選一個你喜歡的地塊，然後你給出你的價格。房地產商給出的是底價，你需要在這個基礎上選擇是加一萬、二萬，還是五萬美元？

我當時大概是加了一萬美元的樣子。但是竟然沒有買到，被另外一個人以更高的價格搶走了。那對我刺激很大。回來的路上，我和我太太都垂頭喪氣的。我們又去看了一下，那個我們退掉後被別人低價搶走的房子。那個房子門口插著的標籤已經被拆掉了，顯然房子已經過戶了。緊閉的大門似乎在嘲笑著我們。

人們失去一樣東西的時候，就會覺得那樣東西格外的珍貴。當時決定等等看的理由一下子消失得無影無蹤，剩下的都是懷悔。我們在門口轉悠的時候，就覺得那個房子這裡也好那裡也好：院子不大不小正正好，又是海邊的房子，可以看見一部分海灣裡的風景；周圍的公園又整齊，設施又新；外面的馬路上車又不多，交通便利。

那天晚上我們吃飯的時候，好像都沒有說什麼話。市場給我一個深刻的教訓，就是在眾人沮喪的時候，一定要勇敢。我給上海的親戚打電話，毫不猶豫地跟他們說，只要房產商辦公室開門了，就立刻辦手續。至少先把定金付了，定金付了之後，後面的手續再慢慢辦。

08 搶到房

天無絕人之路。過了幾天，我收到了一封電子郵件。說開發商上一批的房子都賣完了，但是後面又出了一批房子，就在下周，大家可以來預定。這次我們是志在必得。電視上新聞報導說灣區的幾個區又開始了排隊搶房的壯觀景象，有的人為了買房，排隊排了兩天一夜。

顯然衰退是短暫的，最糟糕的時候已經過去了。而聯儲局的一再降息，對房價有推波助瀾的作用。後來的故事大家其實都知道，這一輪的降息，直接導致了房地產的泡沫和 2008 年次貸危機的爆發。當然這是後話，當時沒有人能夠預見到這些。

我現在回想一下，當時能夠快速轉彎去買房的很大的原因就是我不是一個特別固執的人。有些人非常聰明，但是聰明的人容易剛愎自用。當現實和他們大腦的觀點不一樣的時候，他們會頑固地堅持自己的觀點。可是無論再怎麼聰明的人也有犯錯誤的時候。一個人當事實和自己的預期不相符的時候，要儘快接受客觀現實，修改自己大腦裡對未來判斷的模型。這樣的例子在我們生活中很多。在房地產市場上，2000 年初的時候，相當一部分比例的一線城市居民不看好中國房市。然而一部分人修正了自己的觀點，一部分人堅持了自己的觀點。有人說，中國新的中產階級的劃分基本上也就是這兩派的劃分。之前大家都窮，後面看漲買房的人變成中產階級。而堅持錯誤的觀點的人，則是一二再再而三地錯過了中國的黃金 20 年房市的人，他們就沒有躋身到這個階層。

也許是長年的理工科訓練讓我習慣了用現實的資料校核自己大腦中的模型。我總是將自己大腦中對未來的預測理解為我們做實驗驗證之前的理論模型。理論模型要有強大的邏輯上的道理，但是再完美的邏輯和模型也要在事實面前不斷被修正。

我不是一個特別固執的人。我清楚地看到自己之前犯了錯誤。所以我決定用更加誇張的出價，儘快買到自己的房子。因為我知道房價一旦漲起來的話，那一點小小的差價，根本就變得不重要。

第二次我們一口氣加了三萬美元。比原始的基礎加價了 7%左右，終於買到了自己的房子。雖然這個房子不是社區裡性價比最好的那個。院子比較小，房型我也不是特別的滿意，但無論如何，這個時候搶到是更重要的事情。歷史一二再再而三地證明，大部分時候，買還是不買是關鍵，而不是買了什麼。

好消息總是伴隨著壞消息，這邊手忙腳亂地搶到了房子，上海那邊卻傳來壞消息。在經歷了非典短暫的低迷之後，當買家回到市場裡發現，其他買家也已同樣的速度回到市場裡。於是大家又開始了新一輪的搶房。我要買的那個房子，雖然定金已經付了，但開發商竟然說，只能把定金退給我們，因為沒有房子賣給我們。他們收的定金數比房子數多了，

會走路的錢

"怎麼還有這樣的事？" 我在電話問。定金的意思不就是定下來麼？還有收了定金不賣你房的事情。但是事實就是事實，市場就是這樣火熱。這是一個沒有辦法的事情，有這個功夫跟他們吵架，不如去尋找下一個機會。

我在美國買第一個房子的時候，我幾乎是把口袋裡的最後一分錢全部用完了，才辦理完過戶手續。為了保持杠杆，我堅持付最低可能的首付，10%。當然很多人會付更高的首付，比如 20%或者 30%，這樣可以拿到一個更好的利息。但我覺得更高的杠杆對我可能是更有利的，利息差 0.25%~0.5%，其實沒有什麼太大的區別。在你能夠感覺到房價要上漲的時候，你想做的就是花光手中的每一分錢。買上海房子的錢已經匯出。所以手上剩下的錢並不多了。過戶費用(Closing cost)，更是雁過拔毛，當把所有的費用都交光之後，窮得只能靠信用卡過下個月的日子了。

這麼多年來我回顧歷史，投資房地產市場成敗與否最主要的就取決於你的執行力。我感覺房地產趨勢的判斷不難，往往一個趨勢會持續一段時間。執行力好的，就能夠比別人稍微快地搶到房子。執行力不好的人，拖拖拉拉的，最後可能就會一直兩手空空。

美國的房子買好了，中國的房子依舊是個問題。好在幾個月後同樣一個開發商第二期的房子出來了。可能是上一期的房子沒有賣給我，所以他們有一些歉意。這次讓我們優先挑到一個房子。

然而光是付了房子的定金，還遠遠沒有結束。吸取上次的教訓，我需要最快的速度辦理完過戶手續。在中國買房子需要無窮無盡的手續和各種證明材料。我需要去辦理一系列的公證。當時還不是特別清楚，在美國的中國人如何在中國貸款買房子。連銀行自己都不是很清楚，他們只是說去當地中國使館辦理公證委託手續，辦收入證明。具體手續沒有任何表格可以填寫。

於是我就耐著性子，一樣一樣的把文件都準備好。我記得當時有一個投機取巧的事情，就是沒有按照通常的規則去辦三級公證，而是寫了中文直接去大使館辦了公證。我把自己的經驗後來總結了一下，發在博客裡，叫作"手把手教你如何在中國買房子"。這個博客很受歡迎，曾經一天就有一萬多點擊率。可見在美國的華人有很多人都在關注中國的房子。

手把手教你如何在中國買房子 (2007 年 5 月 25 日)

By Bayfamily

第一步：家庭內部取得高度統一。國內買房雖比西天取經要容易一點點，但比回國吃喝玩樂要難一點點。多半要和國內的婆家、娘家的利益，忠孝之類的東西攪在一起。中國的官老爺又特難纏，遠端遙控更是鞭長莫及，所以樹立堅定的統一聯盟、和遠大的理想很重要。

第二步：明白為什麼在中國買房，給親人改善條件？降低美元貶值風險？給自己養老用？長線投資？短線投資？兩者兼有？目標明確，才能制定出有效計畫。決定是否貸款、在何方貸款，在哪買房、買什麼房。

第三步：想想自己的親朋好友在哪裡，房子是一定要有人照看的，即便你託付給管理公司。決定好在中國哪個城市後，和朋友親戚取得聯繫。問問人家是否願意幫忙。

第四步：做功課，瞭解一下當地的市場。官方的統計資料非常不可靠。最有效的是去和房產有關的 BBS 看看。那裡和投資理財論壇一樣。有第一手的資訊，和最新的成交經驗。除了全國範圍的，人人皆知的搜房網、焦點網以外，各地還有很多非常有特色的網站。比如我常去上海的安家網、豪宅網。

第五步：去中國大使館辦理委託、公證。要端正態度，放下主人翁感，有草民要飯的毅力和耐心。你需要辦理以下檔：

1）委託書，去大使館網頁下載表格。用中文填寫，儘量不要用手填，要在電腦上填好，列印出來。實在覺得自己字好的，別忘了用黑鋼筆填寫。委託書，原件要辦五份。千萬不要只辦一份，國內的各個部門，個個是老爺，全要原件。所謂五份原件，就是列印五份表格，在大使館，當著書記員的面，簽五個簽名。這樣大使館就會給你五個大紅圖章。國內人都喜歡大紅圖章，複印的不要！

委託書這樣寫，"茲有 XX、XX(夫妻名)委託 XX，在 XX 市，辦理房產購買、交房驗收、銀行貸款、產權過戶、註冊登記、稅金繳納、等其他一切相關手續。"即使是你一個人買房，建議你把夫妻名全寫上，不然會有後患，下面我再解釋。別忘了"等其他一切相關手續"，買房手續煩瑣，不定你忘了哪個衙門。

委託書不要用英文寫，更不要去辦公證(Notary)和州務卿公證認證的傻事。直接找大使館，填中文。當然住小城市的兄弟們就辛苦了，得親自來一趟。注意這個只適用于中國公民，如果你已入籍，委託律師幫你辦三級公證，350 美元。不要把自己累得半死。

2）收入證明。需要你單位人事(HR)寫封雇傭證明信(Employment letter).收入證明是貸款是給銀行看的。銀行要做你的生意，所以要求不嚴。想省事的，就不必跑大使館了。光有 Empolment Letter 是不夠的，國內人迷信圖章，所以你得弄幾個章在上面。我是找 Notary，當著他的面把原信複印，然後由他公證我的簽名證明原件和影本相同。這樣的公證本質上一點意義也沒有，無非是收集點圖章。但我在國內試了幾次，屢試不爽。最好找有鋼印的Notary，一大堆圖章一敲，檔就看起來像那麼回事了。我曾經親自在上海建行幫他們審理過這些檔。當時我到貸款處辦手續。他們太忙了。我主動提出幫他們整理檔。他們竟答應了。世界各地的什麼樣檔都有。根本沒時間細看。唯一的標準就是否有像模像樣的圖章。在上海，有的銀行要 1040 稅表。你把它打出來，當著 Notary 簽字，敲圖章。

3）婚姻證明。比如在上海，無論你是以個人名義還是夫妻名義買房，都需要婚姻證明。不然，你必須辦個單身證明。規矩比較奇特，但草民也只能乖乖聽話。任何時候不要提及自己有子女，不然又是一道證明。要是在美國結婚，把結婚證複印一下，和收入證明一樣如法炮製，圖章一敲，一路綠燈。要是在中國結婚，把原件寄回去就可以了。不要自己去翻譯收入證明和婚姻證明。這兩個檔都是給銀行的，多交 500 人民幣他們幫你翻譯，這樣省了很多公證翻譯的麻煩。上面的三個檔是我的經歷，中國的其他城市可能和北京上海不一樣。

第六步：開銀行帳號。國內的人現在沒法幫你開帳號。你要是回國的話，記得千萬抽空自己開個帳號。將來總是有用的。沒有帳號也不要緊，可以用別人的帳號，貸款也可以。建議你完成以上六步後，再去看房子，正在買的時候，好的樓盤走得很快，來不及等。很多人空談回國買房很多年而沒有行動，往往是因為被看房子絆住了。

第七步：看房子。其實國內的房子沒什麼可看的。公寓房基本上沒有什麼變化。幾室幾廳，換過來倒過去就那麼回事。但有許多在美國不成問題的東西，國內非常在意。比如，南北通透，朝向、陽光遮擋。頂樓和一樓不要買，再便宜也不要。二樓不能買，因為二樓以上的污水管在二樓匯總。其他的樓層就是看個人喜好了。我在國內買的房子，之前一個我都沒看。地點重要，房子無所謂。看房子會讓你錯過很多時機。

第八步：匯錢。要匯大量的美元的話，會有一點麻煩。現在規矩有點亂。以上海為例，需要是直系親屬。總額不能超過 5 萬美元，一次不能超過一萬。但執行的也不是那麼嚴格。再多的錢也有辦法，只是比較麻煩。

第九步：等待。剩下的事全都是國內人幫你辦了。房產證一兩年才能下來。裝修、出租。麻煩事還很多。

常見問題：

1）付現金還是貸款？取決於你的目標(Goal)是什麼。房產投資的秘密就是借雞生蛋和杠杆（Leverage）所以，你要發財，就要貸款。人民幣也好，美元也好。別怕麻煩。別擔心別人笑話你窮。如果是自住現金比較好。貸多少？那要看你有多貪心了。

2）新房還是二手房？國內新房會有溢價(Premium)，因為二手的東西，大家總是不喜歡。投資的話，應該買二手房，因為你將來售出的房子總是二手的。二手房立刻會有租金收入，無須裝修。但買二手房手續買起來很麻煩。還有欺詐風險。你得有比較鐵的關係幫你才可以。還有一點，別為了面子在國內買房。裝修不值錢，增值的是土地。把錢花對地方

3）自己名義還是他人名義？長期投資和未來自己自住的，還是自己的名字比較好。短線操作，他人的名義比較好，進出方便，但要有信得過的人。

4）稅收和費用？國內的稅非常混亂，政府也不知道是真糊塗還是趁火打劫，借宏觀調控的名義，稅法是朝令夕改。今天這個費、明天那個稅。昨天上海又宣佈執行 20% 的個人所得稅。長期風險，各自把握吧！

5）限外令？外國人可以買。限外令執行的並不嚴格。家裡有一個中國護照就夠了。全是外國人，嚴格意義上只能買一套。

6）入市時機？說到這，要挨磚頭了。上海房價，橫盤了兩年多，種種跡象表明，現在是下一輪大漲來臨的前夜。這是國內大氣候，國外小氣候決定的。但中國整體經濟風險很高，隨時會爆發大的經濟、政治危機。兩者孰重孰輕，沒有人知道。我的策略是，堅持在國內用人民幣貸款。賺了是升值的人民幣，虧了的話，可以爽約(Default)拍屁股走人。這樣無論如何，不會影響我在美國的生活，但又對沖了因為中國發展，我在美國成為相當窮人的風險。

讓我高興的是，有不少人因為我這篇博客受益。因為在這個博客發表之後的很多年裡，你在任何一個時機買入中國的房子，現在都能賺很多錢。我一直都是相信給予其他人的付出，終究會有回報的。人世間恩恩怨怨各種，你做的每一個善行，最終都會以某種形式回贈給你。同樣，你做的每一個惡行，最終也會給你帶來傷害。

兩個房子都買好了，但是後面面臨的就是裝修，歸還貸款，還有把上海的房子出租等等事情。首先就是每個月的房貸，我們是否能夠支撐得住。大部分人買房子的時候，都會有這方面的擔心。雖然房價在上漲，但是美國失業率還在攀升。我們算了一下，即使一個人丟了工作，其實也還是可以還得起房貸的。

因為我們平時的消費水準並不高。在我記憶中當時每個月除了房租之外，我們的開支是在每個月 1500 美元左右。這個數字對於很多年收入是 15 萬美元的家庭來說是偏低的。但我覺得這個標準的消費水準並沒有給我的生活帶來什麼困擾。

因為在讀書的時候，我每個月的生活開支大概是 500 美元。現在我們兩個人在一起生活每個月開支 1500 美元。即使相同的生活水準，總量還是比之前還多了 500 美元。當時每個月的房貸是 2000 多美元，再加上每個月的房產稅、物業管理費、保險，房屋總支出大概是 3000 多美元的樣子。房子的支出再加上 1500 美元的生活費，一共是 4500 美元，一個人的工資是綽綽有餘的。

維持上海的房子有一些麻煩。最主要就是我們需要每個月還貸款。我飛快地把它裝修好，然後就掛牌出租了。能否把房子順利租出去在當時是個很不確定的事情。因為本地的上海居民還沒有那個租房能力。2002 年，當時大家工資也就 2000-3000 一個月。怎麼能花 6000 元租房子呢？有租房能力的人都忙著存錢自己買房子了。不過我們最後運氣還不錯，一個生活在上海的德國人租了我的房子。租金和每個月的房貸相比稍稍少了 2000 多人民幣，折算下來我們需要每個月補貼上海的房子 300 美元左右。

所以即使我們用這麼大的杠杆同時買進了兩個房子，我們依舊沒有特別大的壓力。大部分人購房時候的擔心和恐懼是多餘的，更多時候是給自己不做為找藉口。雖然我們是極其普通的工程師，在灣區拿著非常普通的年薪，我們只需要用一個人的工資就可以應付所有的開支。另外一個人的工資可以被完整地存下來。這樣我們的存錢速度和之前並沒有什麼太多的改變。我們依舊可以繼續存錢投資買後面的房子。

搬到新家裡，當然需要購置傢俱等生活用品。當時一個中西部的朋友，到我這兒來看看。他很為我高興。不過他小心地提醒我，說在他們那裡，買了新房子之後都是要窮三年的。

我好奇問他"為什麼要窮三年？"。

他說他們那兒的習慣用房子價格一半的錢來裝飾房子，購置傢俱。那樣裝修好的房子才能體面又顯得舒適。

我卻不這樣想，我最不喜歡的就是那些無比沉重的傢俱。很多中國家庭購買傢俱的時候，喜歡購買那些實木的真材實料的傢俱。可能是受紅木傢俱風氣的影響，仿佛要一買傢俱就恨不得用上幾百年，然後傳給自己的兒子和孫子。

會走路的錢

我這個朋友就是，他們兩口子花了二萬美元，買了一個無比沉重的吃飯桌子。桌子沉到夫妻兩個人合力都抬不動，要搬動的時候，需要打電話請額外的工人來搬才可以。

我覺得這純粹是有錢沒地兒花，自己給自己找罪受。東西都是服務於人的，我們沒有必要把它們像祖宗一樣在家裡供起來。傢俱的投資其實是最不合算的。可以說即使是最好木料的傢俱都毫無投資價值。因為傢俱的款式會過時，流動性很差。除非你有本事買一個稀有的木材做的傢俱，請一個名家大師，然後捂上幾百年才有可能增值。所以我很簡單，我喜歡輕鬆簡單的傢俱，過幾年不喜歡了，我就扔掉換一批。我去 IKEA,只花了 2000-3000 美元，基本上把新房子所有的傢俱就都配齊了。

房子的室內裝修也是一件事情。交給我們的房子是全地毯的房子。而我們中國人的習慣通常是一樓是地板，二樓是地毯。這樣的話，一樓容易保持乾淨，二樓溫馨舒適。如果請別人來鋪設地板的話，恐怕也要花一萬美元。那個時候我年輕充滿精力，決定自己幹。我覺得對家庭之愛最好的表現就是自己裝修自己的房子。因為你付出勞動，所以對家裡的一草一木、一針一線都會傾注深情。

那是我第一次自己裝地板。我在網上訂了地板木料。木料是我自己開車去木材公司運來的。木材公司倉庫在兩小時以外的一個城市裡。我算了一下木材的重量，避免汽車超載，找了一個週末，來來回回開了兩趟。一路只能開得很慢，慢悠悠地沿著高速公路最外面的一個車道，打著應急燈才把各種裝地板的木料運到家裡。具體成本我有些不記得了，大約是請人鋪設地板費用的 1/3 左右。我還是牢記當年機場接我的老宣的那句話：美國的人工比較貴，盡可能自己幹活。

寫這本書的時候，我已經人到中年。讓我回首往事的話，年輕的夫妻最充滿歡樂的時候，就是一起動手營造自己的家。當時我的太太已經懷孕好幾個月了。她不能幫我抬東西，只能邊上遞給我工具和幫我出主意。我滿頭大汗地把半噸重木板一點點地搬了進來，一塊塊鋪在地面上。太陽從日出到日落，房間從昏暗到明朗再到昏暗，地面上的窗影在一點點地延伸。我累得幾乎直不起腰來，但是內心充滿了歡樂。我花了兩個週末，把一樓的地毯全部改造為地板。然後再花了一個週末把廚房的櫃子油漆成我喜歡的顏色。

在美國有了自己的房子之後，可能很多人都有類似的經歷。每個週末最快樂的事情就是在家裡鼓搗安裝各種東西。除了室內裝修，就是做後院。全新的房子交付的時候，後院是一片泥地。這個時候通常要花一兩萬美元雇傭承包商才能把後院修到可以使用。

鋪完了地板，我對自己的土木工程能力感到信心滿滿。於是決定自己修後院。一方面我覺得這些事情本身很有趣。你可以學習新的知識。另外，自己可以對自己的家進行各種設計，哪裡種花？哪裡種樹？哪裡鋪上木板陽臺（deck）？這些事情本身讓生活充滿快樂。

購買新房子之後的第一年裡，每個週末我幾乎都泡在家裡，做各種各樣的東西。後院的每一棵樹，每一叢草，每一個花壇都是我自己弄的。院子不大，我自己動手鋪設了一個 100 平米的 deck 可以供孩子玩耍。我新家的每一個地方都留下自己辛勤的汗水，那種感覺非常好。

等一切都做完了，我算了一下，裡裡外外各種裝修的費用，算了下來，我總共大概花了一萬元。這些活兒如果包給別人做，大概成本在三萬美元左右。因為個人收入稅的原因，如果你能省出來兩萬美元，其實相當於你多掙了三萬多美元。

10 漲價

有了自己的房子另外一個開心的事，就是可以不斷地開派對，認識更多的人。當時我是和我同一批到灣區來的，所有我認識的中國人裡面，幾乎最快買房子的人。而其他動手慢的人，他們的痛苦就漸漸顯現了出來。

最大的問題就是房價開始飛漲。我搶到這個房子之後，房價半年之間就又漲了 10 萬美元。這讓很多沒有買房子的人感到氣憤。存錢速度趕不上房子漲價的速度，半年白乾了。由於利率一再調低的原因，房價一路上漲。房價上漲就帶動了更多的人買入，又推動了上漲。

會走路的錢

當然那個時候也是危險漸漸出現的時候。因為漸漸開始有 100%貸款。就是買家一分錢的本金都不用出，完全由銀行提供全部的貸款買房。我買房子的時候，最低首付也需要付 10%。100%之後不久又有了102%的貸款，就是你不需要付一分錢，銀行幫你解決所有的購房款問題。多出來的 2%用來支付買房的各種手續費和稅費。

首付低於 20%之後。抵押貸款會分兩部分，一部分是正常貸款，第二部分是用來付首付的貸款，叫作第二貸款(second mortgage)。當時我付 10%首付購買這個房子的時候，我也有兩筆貸款。不過隨著房價的上漲和利率的降低，我有機會重新貸款(refinance)了一下。這樣很快我就只剩一個貸款了，傳統正常貸款。雖然我貸款總額還是跟以前一樣，可是因為利率降低了，我每個月付的貸款就更低了一些。

過了一年，當房價又上漲了 20%的時候。和我同期來到灣區的小夥伴們陷入了深深的痛苦折磨之中。因為經濟的基本面並沒有特別的好轉。房價高升，可是這個時候是買還是不買呢？

買了，怕房價下跌，造成自己虧損。在美國房價下跌，是一個災難性的事情。因為銀行會不斷地評估自己的風險。比如你首付如果付了 20%的話，房價下跌了 10%。那你的淨值(equity)就只剩下 10%了。這個時候銀行就會讓你多付 10%的首付，提高首付比例到 20%，或者讓你買額外的按揭保險(mortgage insurance)。

那時候，每次中國人的派對說的最多的就是房子。有時派對的主人嫌煩了，會公開聲明一下，今天的聚會不允許討論房價。對房價的判斷永遠都是兩派，一派看漲，會說灣區天氣有多麼好，產業有這麼多，大家都來，所以要漲。另一派就會說，灣區人口在外流，灣區房價已經貴得離譜，產業外遷，所以要跌。我看幾十年這兩派都沒有什麼變化，我們中國人的派對永遠都在討論房價。

在爭吵和猶豫中，房價又漲了 20%。很快，我花 40 多萬美元買的房子已經漲到了 70 萬美元。這個時候，小夥伴們又陷入了更痛苦的煎熬。每一個聚會，大家的辯論變得越來越激烈，當時說的最多的一句問題就是"我們要不要咬下這個子彈？" "Should we bite the bullet?"

有人信誓旦旦認為房價會跌。這些人多半是因為各種原因錯過機會沒買房的。而房屋持有者則認為房價只會穩中上漲。因為他們說又有那個公司要上市了，哪個公司要擴張了。所以房價總是要漲的。

當時我對房價未來的漲跌其實是中性的態度。因為足夠多的歷史資料證明，房價不可能持續地漲，當然也不可能持續地跌。上次買房我一腳踩空的教訓給我留下深刻印象。如果回顧歷史的話，2006 年應該是處在一個相對高的價位，所以我沒有勸任何一個我的朋友買入房子。我跟他們說如果你要買房子，趕緊買中國的房子，而不是灣區的房子。可是聽我這樣意見的人很少。當時和我年紀相仿的人，大部分人都急於解決自己的住房問題，而投資中國是一件遙遠的事情。

中國那邊的房價更是波濤洶湧，一波接著一波地往上漲。上海市長在一次外商招待會上說，買上海的房子是包賺不賠的。這下推動了市民買房的恐慌。我 2002 年 100 萬人民幣買入的房子，2004 年很快就漲到了 200 萬人民幣。我的親戚打電話恭喜我。不過他建議，我乾脆把它賣了吧。他說你都掙了 100 萬了，還不趕緊把它賣了。因為當時 100 萬人民幣，對於國內的大部分人來說還是很大一筆錢的。大部分人一輩子沒有擁有過這麼多錢，無論怎麼說也是百萬富翁了。

不過我研究過歷史，我知道臺灣和香港房價的歷史。我更瞭解韓國和日本的房價歷史。我知道這才是一個小小的開始，後面的漲幅還長著呢。

11 中國房價

我認為大量的錢都會湧向中國。中國處在一個高速發展的初始階段。這個階段和日本韓國的 70 年代、臺灣的 80 年代、香港的 80 年代非常相似。現在房價才漲了一倍，那還早著呢。100 萬人民幣未來回頭看看根本就不是什麼錢。

會走路的錢

我不但不要把自己的房子賣掉，我還醞釀著怎麼樣在中國買入第二個房子。第二個房子我不想買在上海，而想買在北京。我想在北京買第二個房子的原因有很多。今天回憶起來有兩個。第一個是 2004 年的時候，上海的房價已經漲了一倍了，但北京的房價還沒有漲起來。很多在北京的居民，他們簡單想上海房價貴是炒起來的，因為上海黃牛多，有投機的風氣。

房價飛漲其實和炒作沒有任何關係，反映的是底層的供應和需求的不平衡。而北京的這種不平衡，在我看來，在未來會顯現的比上海更加突出。主要就是北京比上海更有能力吸引更多的外地人，特別是名牌高校的年輕人。因為北京著名高校比上海更多，上海輻射的只是江浙滬長三角一帶，而北京輻射的不僅僅是華北和東北，還有全國。

北京那麼多高校，最終會把全國最聰明的孩子都集中起來留在北京。他們未來都是高收入人群。這些高收入人群會在北京就業，會在北京生活，會在北京生兒育女。他們都需要在北京購入房子。雖然此刻他們還很窮，還沒有錢，但是在未來他們會變得有錢。這個時候就是買入北京房子的最好時機。另外一個原因就是，北京有那麼多央企，有那麼多駐京、國際辦事處機構。這些單位和人最終能夠形成的經濟影響力，會超過上海。

但是在當地的人們卻不這麼想。2004 年，我出差去北京的時候和當地人聊起來。我的一個北京親戚跟我說北京的房價太高了，當時北京國貿附近的房子是 6000 元一平米。她說這麼高的房價，誰能買得起？根本無法支撐。

我說這個房價在未來看來會顯得便宜得微不足道。當然在北京買房，我太太是堅決反對。她覺得我們擴張得太快了，剛剛買好兩個房子，應該好好消化一下。但是我覺得這是千載難逢的好機會，錯過了就沒有了。

北京那個時候房子還不是特別的搶手，售樓處的銷售員服務熱情極了。因為賣房子有銷售提成，售樓小姐都恨不得你馬上買個十套八套的。我當時看的是北京國貿附近的富力城和北京北邊的溫哥華森林兩個專案。溫哥華森林是個遠郊的別墅，我擔心出租不出去，所以基本上傾向定下來是買國貿附近的富力城。

正要買的時候，我太太在北京的另外一個親戚說他們行業協會有四套房子要賣掉。如果我們感興趣的話可以買，而且是內部價格。於是我又沒有買富力城。可是幾個月過去了，等我們再問的時候，那個親戚說，協會的四套房子被一個人一下子都買走了。協會嫌一家一家地賣太麻煩，就都賣給那個人了。

北京的房子我前前後後看了很多次，很多次都定下來要買了，但是因為種種原因，最後就是沒有買上。這些原因我現在回想起來甚至都不完全記得了。其實我完全沒有必要用出差的間隙去買房子。而是應該專程的請一個星期的假，老老實實的飛到北京，把買房子的事情辦好。

可我當時雖然明白這個道理，但是就是做不到。別忘了，我這本書裡寫的所有的事情都是我工作 8 小時以外的業餘活動。我的主要精力還是在工作上的。另外還有一個原因，就是我周圍所有的人似乎都是在有意無意地阻止以及勸說我不要在北京買房子，我需要額外的精力勸說他們。我印象中，北京的一個親戚對國貿富力城的房子嗤之以鼻，說那是南城。過了長安街以南的南城的房子在當時的北京是被歧視的地域，雖然我不是特別明白和同意這種地域鄙視的道理。當時的一句話就是城市北面上風上水。還有一次是親戚說他的房子要賣，可以轉賣給我，當然這個最後也落空了。

我想人生可能就是有命運吧。雖然我自己覺得自己的執行力還是不錯的。但是北京的房子我從 2004 年一直買到 2009 年，整整五年時間過去了。就是在各種猶豫、徘徊、失信之間，把所有的機會都錯過了。在中國買房子離不開中國親友的一些幫助，因為你不可能在出差的間隙把買房的所有手續辦完。直到後來北京出了限購的政府法令。這個事情我也就再也不想了。

12 換學區房

2005 年的時候，當和我同時期到灣區的小夥伴對於買房這件事還迷惑不知道該怎麼辦的時候。我按照自己原來的計畫。決定把住了 2 年多的房子賣掉了，這樣從前面的住房 C 換到住房 A。房 A 是灣區好學區比較新的房子，也是我最終想住的房子。

會走路的錢

當時回想起來，我自己也不知道自己當初是怎樣猶如神助一樣地，準確地判斷了市場。其實房地產市場的趨勢判斷不是特別難。大部分時候，人們是出於對涉及重大金額的決策感到害怕而不敢有所舉動。

我的第一個房子是 2002 年買進的，住了三年時間。我買入的時候，並不知道多久要去把它賣掉。只是知道如果市場上漲，它的漲幅會比好學區房子多一些。但是我知道，這裡不是我們長久居住的地方，因為我們需要搬到更好的學區去。

最主要的原因還是作為中國人，我們都非常重視教育，要送孩子進好的公立學校。那時我的孩子已經三歲了，我需要找一個合適的時機搬到好學區去。好學區一方面是教育品質更好，另外一方面，你可以節約生活費用。生活在中等或者偏差的學區，中國人的父母是不會把孩子送到普通公立學校裡的。如果送到私立學校裡，私立中小學和大學學費幾乎是一樣的，每年 1-2 萬美元，而且這部分費用完全沒有辦法抵稅。所以最經濟的辦法還是去好學區，讓孩子上公立的好學校。

前面我說過，好學區和普通學區的房價，長久來看，漲幅是一樣的。只是好學區房價比較穩定，壞學區房價暴漲暴跌。雖然我的孩子才三歲，我還可以再等幾年。但是對市場的解讀，讓我感覺到當時的房地產市場是山雨欲來風滿樓。

我的這個房子 2002 年買入價是 43 萬美元，2005 年已經漲到了 72 萬美元。這倒不是我最為擔心的，歷史上有過這樣的漲幅。當然，我這個漲幅是在短短的三年多裡實現的，歷史上的確比較少見。雖然我沒有辦法預測是否會暴跌，但我覺得至少價格不會再出現瘋漲。

我感覺市場會出問題來自於一次和一個房產仲介的對話。這個仲介在我住的那個社區業績很好。我問他，我們這個社區最近的買家都是什麼人？這樣的話似乎只能問我們老中的仲介。老美仲介會對族裔問題很敏感。他說最近是一些從南美來的移民比較多。

我說他們怎麼能夠負擔起首付的？他說你不知道嗎？現在都是 110%的貸款。買房不但是不需要首付，而且還能用多出來的錢。現在的銀行不單讓你一分錢不付，還給你 10%的錢，用來付各種交易費(closing cost)和裝修的錢。有的人乾脆拿著多出來的 10%，甚至給自己買一輛新車。因為反正都是銀行的錢，不買白不買。買了房子漲價，過兩年把房子賣了，可以賺一筆錢。如果房價下跌，把房子扔給銀行就好了。

我和他都覺得這個市場是嚴重的不正常。他是兼職做仲介，雖然當時一個月他多的時候能有 5 筆左右的成交，一個月的傭金可以掙 10 萬美元，但是他依舊不敢辭去全職的工作。當時也有很多主流媒體反映這個市場不正常。應該說大家都能感覺到，房地產危機在一步一步地來臨。當時大家不知道什麼時候會真正地爆發危機。

從過去的歷史資料來看，防備危機，最好的辦法就是把房子換成好學區的房子。在下跌的時候房價會比較堅挺。當時在好學區花 100 萬美元左右的房子可以買到比較新的，大一點面積的房子。前面說的"小黑屋"的價格在這 10 年裡，大概從七八十萬漲到了八九十萬美元。100 萬美元朝上可以買一個相對新的房子。

如果全憑自己辛辛苦苦攢工資，買 100 萬美元的房子，我需要 5-10 年的時間攢夠首付。而現在我把增值的房子賣了，我手上立刻有 30 萬的現金，作為下一個房子的首付綽綽有餘。而且我的首付超過 30%，我就可以拿到一個比較好的利率。

我把自己的置換購房的目標鎖定在 100 萬美元。最主要的原因就是 100 萬美元是當時很多人心裡難以跨越的價格障礙。房地產的價格不是連續的。很多應該價格是在 110 萬和 120 萬的房子，被硬生生地壓到了 100 萬美元，而很多本來應該是七八十萬的房子，被抬高到了八九十萬。所以買 100 萬美元出頭一點的房子是最合算的。

我寫這本書的今天這樣的現象依然存在。你可以看到 200 萬美元的房子是人們新的心理價位。200 萬到 230 萬左右的房子價格會被深深地壓到 200 萬。而 150 萬朝上的房子，容易被虛高抬價到 180-190 萬。所以買房子最物有所值的方案就是選擇大家最不舒服的價格區間下手。

會走路的錢

100 萬價位的房子，最好的 deal 是那些開價在 110-120 萬的，賣了很久沒有賣出去的。甚至是有買家買，然後交易過程中又反悔的房子。賣家經過這樣反復折騰幾次，心態會崩潰。這個時候可以找一個相對好的合算買賣(deal)。

那個時候我們又開始了重新找房的生涯。和上次不同的是，這次我們不再需要仲介，每個週末開車，在好學區裡轉悠找房。我覺得買家仲介是一個可有可無的，或者是對你不利的服務。因為你雇傭買家仲介，賣家就要付 3% 左右的錢給買家的仲介。如果你不雇傭買家仲介而請賣家仲介做你的雙面代理仲介(dual agent)的話，那至少你可以把這 3%的錢中的一部分返還給自己。或者在出價競爭的時候讓自己更有優勢。畢竟在決定賣給誰的時候，賣家算的是自己到手多少錢，而賣家仲介也是。

當然這只是我個人的見解，很多人不放心各種風險那還是聘用買家仲介吧。對於仲介而言，他們最關心的是房屋能否成交，他們能否順利拿到仲介費。買家的利益或者是賣家的利益，並不是通過買家的代理和賣家的代理捍衛的。所有的仲介只會按照流程走一遍程式，保證自己不會惹上官司。利益的真正捍衛者永遠是你自己，因為沒有人會比你更關心你自己的錢。

那個時候市場依舊搶手。我看中了一個房子，一切都符合我的要求。對方開價正正好好是 100 萬美元。這個價格嚇走了很多人。但是我堅定地把它買下。做買房的決定，我當時只用了 20 分鐘的時間。

我太太當時嚇了一跳，因為 100 萬美元是一筆自己這輩子從來沒有花過的大錢。她對我在 20 分鐘裡就做這樣的決定感到很驚訝。其實那是因為我做好了功課，我知道我要什麼樣的房子，我要什麼樣的價位，一旦找到這樣的房子，我就堅定不移地決定把它買下。

回首往事，我們一生中會經歷一次一次的，最大一筆開支的突破。如果你常年沒有新的突破，或者說明你可能老了，或者你在走下坡路。每次這樣的心理體驗，在我的腦海裡都會有深刻的記憶。例如，第一次花 1000 塊人民幣買股票，第一次 4000 美元買車。隨著時代的變化，那些錢都不再是什麼大錢，但是在當時對我來說，每次都是新的花錢紀錄突破。

　　每次有新的總價突破，都可以讓我有心電刺激的感覺。這樣的感覺和滑雪的時候，你站在陡坡面前，心臟緊張快速跳動的感覺很類似。一次次價格的突破，相當於你從綠道上升為藍道，然後再上升到黑道和雙寶石道。有人喜歡這樣挑戰自己的感覺，喜歡的人就會像吸毒一樣上癮。在商業界這樣的人經常見到，一些老闆對於錢的喜愛並不是錢本身，而是這種心跳的感覺。最後他們嫌經營公司豪賭不過癮就乾脆直接去賭場賭博。

　　人很多時候都不是理性的動物。大部分時候，大家都是在遵循內心的感覺做決定。我可能是理工科出身的，我從來不相信自己的感覺和直覺。我更相信實際的資料和現實。可是我也能夠體會到那種心跳加速的快感。只是我總是用資料和理性告訴自己，只有在概率對我有優勢的時候，才果斷下注。

　　當然並不是每個理工科背景的人都是這樣。在我周圍受過高等教育、瞭解概率論的人，也有泡在拉斯維加斯的。精通量子物理，可是不耽誤物理系博士們集資去買彩票。六合彩的概率明明不在自己這邊，但是大家喜歡跑著去送錢。這和很多人迷戀短線股票交易一樣，明明知道概率不在自己這裡，不耽誤那麼多業餘 day trader 在股市上拼殺，做著發財的美夢。

　　有人是知易行難，有人是知難行易。如果兩者都難，可能需要好好檢討一下自己。對我來說，最大的問題還是知易行難。往往我知道道理，但是難以做到盡善盡美。很多時候，機會在你身邊不停地轉悠，但是你就是無法把握住。

　　我再用我剛才說的我錯過的北京房子做例子。2003 年買了頭兩個房子之後的幾年裡我一直在保持存錢，兩年後為了買北京的房子我又準備了 5 萬美元。這在 2005 年當時可以支援我買下一套 100 萬人民幣 130 平米左右的三室一廳的房子。可是每次去北京由於行色匆匆，我總是沒有辦法把這件事情落實下來。到了 2006 年，我去買美國這個 100 萬美元的第二個房子。手上存的那 5 萬美元，就稀裡糊塗地成了這個房子首付的一部分。其實當時我賣了美國的第一個房子，手上有 30 萬美元，完全不需要這額外的 5 萬美元。

　　這筆錢為什麼會成為第二個自住房首付的一部分，而沒有用來投資，是個我至今也不是想得特別明白的問題。可能是內心的恐懼，覺得自己從來沒有貸過 70 萬美元的貸款，新的 5 萬美元進去可以幫我降低貸款額。

　　可是這 5 萬美元放到中國，我當時可以在北京買到一個公寓。今天這樣的公寓會值 150 萬美元左右。這裡並不是事後諸葛亮。因為當時我非常肯定地知道北京的房價會飛漲。哪怕漲一倍，按照 3 倍的杠杆，也有 6 倍的回報。這 5 萬美元的錯誤放置，我當時內心深處是非常清楚地知道我為此錯過了一大筆財富。但是人就是這樣的，總是在尋找內心的安全感，感性會悄悄地戰勝理性，我自己也不能例外。我就這樣稀裡糊塗地，想也沒有想地，把這 5 萬美元浪費掉了，也與這後來的 150 萬美元失之交臂。

　　2005 年，就在我搬入這個好學區新房的時候，我的一個鄰居中國老太太在賣出她的房子。她的孩子大了走了，她想回北京居住。她把美國的房子賣了，在北京天壇附近一口氣買下兩套複式的公寓。每套都在 200 平米左右。我當時確切地知道她做了正確的選擇。知道她會大賺一筆。也許她自己還是稀裡糊塗地，只是簡單地為自己的退休住房做準備。這兩套住宅現在總價大約是 3000~4000 萬人民幣（合 430~570 萬美元）左右。

　　也許這就是人的命運，就是你明明知道可以大賺一筆的事情，但你就是無論如何做不到。甚至明明白白地看著別人在你邊上賺錢，是那樣的簡單，但是你就是無法做到同樣的事情。

13 第一個 100 萬美元

　　我搬進了新房子，但是我們的生活開支開始直線上升。我再也不能只用一個人的工資，就把所有的生活費和貸款都扛掉了。我的存款速度也下降了，似乎我中了那個羅伯特·清崎先生說的中產階級陷阱。意思就是大部分中產階級隨著收入增加，換到更大的房子裡，不斷擴大自己的生活負擔，導致自己永遠在收支平衡線上，然後因為無法做到財務自由，永遠看老闆臉色過日子。

　　那個時候我已經有了第二個孩子。我需要付新房子的貸款，每個月的貸款是 3000 美元，加上房產稅是 1000 美元。所以每個月花在房子上的固定費用就是 4000 美元。另外一方面因為有兩個孩子不得不請一個住家的保姆。住家的保姆每個月是 2500 美元。再加上其他生活的各種費用 2000 美元。最後每個月生活的總開支，增長到了 8000 美元左右。

　　我們和很多中產階級家庭一樣，落入了收入的陷阱。就是你掙的越多，花的也越多。而花得更多的一個重要原因就是你要住更大的房子。因為住更大的房子就會引起一系列的更多的開支。好在另外一方面，我們工資也有所增長。從 2001 到 2005，我的工資每年都增長 7%左右。所以 2005 年的時候，我們的家庭收入也漸漸到了 18 萬美元。

　　我依舊奉行之前的策略就是基本除了配比(match)以上的 401K 都不買。這樣的情況下，我一年差不多可以省 3 萬美元左右。這 3 萬美元幾乎是我所有的每年可以動用的投資資本。

　　另外一方面，我的固有資產卻增長得很快。上海的房子，房價一漲再漲，到了 2006 年的時候，已經漲到了 300 萬人民幣。我頂住了所有的誘惑依舊沒有賣這個房子。美國第二個房子，過了一年我做再貸款(refinance)的時候，銀行來評估，當時的估價已經在 120 萬美元，而我的貸款只有 60 萬。2006 年中的時候，我粗略算了一下，各種財富，加上退休基金股票和公司的一些 ESPP 的股票。我的淨資產差不多有 100 萬美元。

　　我從一個一文不名的窮小子，到美國之後，用了 9 年時間實現了從 0-100 萬美元的增長。當時我只工作了 6 年，我和我太太只有 35 歲。在當時美國 30-35 歲年齡段的人群中，只有 10%的人淨資產超過 20 萬美元，1%的人超過 100 萬美元。我沒有收穫什麼意外橫財，公司也沒上市，我也沒有創業當大老闆，只是憑著普通到不能再普通的工資收入就做到了這點。

　　這個時候是我靜下來需要想一想的時候。我需要整理一下自己的思緒。投資的關鍵點到底是什麼？之前我有什麼經驗教訓可以吸取？而下一個目標我應該定在多少是更合理的呢？

會走路的錢

這個時候，我在文學城投資理財論壇上寫了一系列的博客。一方面是討論，另外一方面是反省自己。我把我投資理念總結為"會走路的錢"。把具體的操作方法總結為"懶人投資法"和"勤快人投資法"。下面幾章我來一一展開討論。

第六章 會走路的錢

01 會走路的錢

我用打仗一樣飛快的速度擁有了第一個 100 萬美元。這個時候我需要喘一口氣。應該說，我全部投資理財理念最核心的部分就是"會走路的錢"的理論。所以我想用一個章節專門說一下這個觀點。應該說這個投資概念不是一天形成的。最早的思路來源於我 2007 年一開始寫在文學城上的一篇投資理財的博客。

會走路的錢 (2007 年 6 月 6 日)

by Bayfamily

人和動物會走路，錢也一樣。這世界是運動的，什麼東西都喜歡滿地瞎溜達。你可能會覺得奇怪，錢沒有腿怎麼會走路？即使各國鈔票上有人像，那也只限於頭像，還沒見過誰把總統的大腿印到錢上的。要是女總統的大腿，我倒是不反對，比看一大堆莫名其妙的花紋過癮多了。

可錢真的會走路，有的時候是慢慢蹭，有的時候是健步如飛。即便你把它壓在箱子底下，埋在地裡，藏在被窩裡。事實上，不但錢會走路，所有的財富都會走路。黃金也好，白金也好，房子也好，土地也好，股票也好。我們生活在大千世界裡，人來去匆匆，財富也是來來去去。有時看得見，有時看不見，要想投資理財，就得有二郎神的眼睛，專找那些別人看不見，正在走路的錢。

先講個錢走路的故事。

會走路的錢

我現在工作的單位裡有個亞裔老美同事，六十歲了，再有幾個月就退休了，等著領退休金。他年輕的時候，六十年代，在韓國服過兵役。據他說，當時"Everything is dirty cheap"。他當大兵一個月的津貼，頂上當地韓國人十幾年的收入。他當時，泡吧、吃飯、購物，從來不用看價錢。一切都那麼便宜，每天都有韓國美女對他眉來眼去地，火燒火燎地。一年的津貼夠他在漢城買一套帶花園的小樓，日子好不快活。其他倒沒什麼，這火燒火燎的美眉，可是聽得我口水直流。

幾年前，時隔三十多年後，他再次回到韓國，發現一切變得驚人的昂貴。儘管他現在的收入，已經和當年當大兵時不可同日而語。在韓國，他現在吃碗牛肉麵都心疼。服裝、高檔奢侈品更是貴得怕人。漢城市中心的公寓，都以數億韓元計價。現在輪到他用幾十年的收入也買不起一套公寓了。

要是光從匯率來看，韓元幾十年並沒有大規模升值。韓國的 GDP 每年也就比美國高 6%的樣子。別小看這幾個百分點，加上通貨膨脹的影響，不知不覺，本來你可以擁有的財富就不知不覺地溜走了。

錢為什麼會走？一方面是通貨膨脹的影響。更重要的是，財富是相對的。有錢或沒錢是相對於其他人而言的。絕對的購買力，沒有意義。別人的錢多了，你的錢就相對少了，即使你的絕對數量沒有變化。財富就是在這樣的此消彼長的過程中走來走去的。

我經常看到有人計算退休時要多少錢才能夠。計算往往把食品、服裝、旅遊、醫保一項一項列出來，甚至連幾桶牛奶,電話費都列出來。其實不用算，你要有一個舒適的退休，必須保證你的被動收入(passive income) 在當地的平均收入以上就可以了。因為誰也不知道將來有哪些開支。幾十年前，沒人想到今天人人要有 PC。

對於美國的華人而言，無形中錢在往哪裡走呢？

傻子都能知道，錢在從美國往中國走。看得見的走是人民幣升值，目前累計有 8%。看不見的走是國內的收入增長和兩國通貨膨脹的差異。我現在就給你算算每年有多少錢從你的口袋裡悄悄地溜走。 不算不知道，一算嚇一跳。

中國的實際 GDP 成長是 10%，美國實際 GDP 是 3%。美國的人口增長比中國高將近 1%。所以，人均實際收入中國每年比美國多漲 8%。

實際 GDP 是扣除通貨膨脹以後的 GDP。中美兩國實際通貨膨脹的差值是 5%，當然官方公佈的差值沒這麼大，不過我不相信那些數字。所以，人均名義收入中國每年比美國多漲 5%+8% = 13%。

人民幣升值未來每年大約有 2%。加上 13%，每年中國人民的收入比美國多漲 15%，或者說你的工資的相對財富在以 15% 的速度悄悄溜走。

15% 的複利效果是驚人的。我只能用大步流星來形容，錢奔跑的速度只比劉翔稍微慢一點，比工資漲幅可大多了。中國在走當年韓國同樣的道路。

這兩天重讀 10 年前看的《白雪紅塵》，一個 20 世紀 80 年代加拿大華人留學生的故事。今天看當時的故事都覺得有點不可思議，主人公頂著暴風雪，一個小時 2 加元的工作也幹。在 20 世紀 80 年代初，由於加拿大和中國之間巨大的收入差距，人們不顧一切地要留在北美。現在的加拿大已經沒有那麼有吸引力了，美籍華人在國人心目中的形象也日漸衰落，變成窮人、農民的形象。這在十年前也是不可思議的。這種趨勢還會再持續很多年，只要中國沒有爆發大的政治危機。這種趨勢最近還會加速，因為中國已經開始出現勞動力短缺。

面對正在走路的錢，大多數人是採取沉默的態度，仿佛它們不存在。就像我的同事一樣，儘管他現在悻悻然地說，如果當時娶個韓國大美女，在漢城買個花園就好了。

當然，面對每年 15% 的財富變遷，我們也可以採取積極的態度和對策。我反正每天都有火燒火燎地割肉感覺，你呢？

當時的回復不錯，在我早期的博客文章中，這篇文章是諸位網友正面回復比較集中的。於是我寫了第二篇進一步闡述會走路的錢背後的邏輯和道理。

會走路的錢 (二) (2007 年 6 月 8 日)

by Bayfamily

以前看過黃仁宇的自傳，別的不記得了，有一段抗日戰爭剛結束時候的故事非常有趣。當時的黃仁宇，作為國民政府的一個中級軍官，當了回接收大員，從重慶先期飛到上海。

隆重熱烈的歡迎就不必提了。由於當時在上海地區，日本人的偽幣停止流通，而國民政府的法幣還沒有在日統區大量發行，他一下子發現自己非常有錢。當時上海地區法幣的實際購買力，是重慶地區的幾十倍。

他計算了一下，發現自己一個月的工資可以去高檔餐館吃幾千頓飯，理上萬次頭 yu。可他當時沒有敏銳的商業頭腦，竟然天真地認為，自己變富裕了是抗戰結束的結果，以後會永遠這樣有這樣的好日子。他還不捨得把法幣工資全花掉，打算把大部分存下來。後來的結果當然大家都知道，那些法幣很快連廢紙都不如。

和他同行的人中，有幾個是有眼力價，"Street Smart"的。用法幣換金條，再到重慶賣金條買法幣，來回一趟就可以賺一百倍，大發了一筆。黃仁宇先生，回憶錄中自歎，錯過了人生中最容易發財的好機會。不但是他，當時和他在一起的還有個美國的經濟學家，書呆子十足，也沒想著把法幣換成美元。可見發財的嗅覺是與生俱來的，讀再多的書也沒用。

看看別人的故事是感覺傻得可笑。可今天的美國華人中，還是有很多人天真地認為，自己在美國，同樣是寫軟體，工資就會永遠比在中國高，好日子可以永遠繼續下去。

再來講一個我親身經歷的錢會走路的例子。

就在十幾年前，九十年代中期的時候，我在新加坡。當時公司裡一個新加坡技工，一個月工資大概折合一萬多一點人民幣。一次，公司裡新來了個從武漢來的工程師，告訴這位技工同志，他在中國的工資只有400元。技工聽完，洋洋得意，說："要是我去中國，豈不是可以像國王一樣生活(live like a king)"。這位自持為國王的技工，還勇敢地追求一位西交大畢業的研究生。不過，國王的好日子，這位技工反正是從來沒享受到，因為他一直沒去中國，不像一些香港的卡車司機，至少還到中國瀟灑了好一陣子。經歷過亞洲金融危機、新元貶值、和中國工薪迅速上揚，幾個來回下來，這位技工當 King 的夢想就永遠停留在記憶裡了。

當時很多在新加坡的中國人意識到中國的收入漲得很快，有的人抓住機會回中國謀了個好差事。當然也有的人，放棄了中國護照，今天還陷在新加坡，過著怨天尤人的生活。

上一篇文章我算了一下財富轉移到中國的速度。大家還關心，到底人民幣會升值到哪一天。

其實無論人民幣升值還是不升值，財富從我們身邊溜走的速度是一樣的。因為不升值或者升值太慢，就意味著國內更高的通貨膨脹。中國人民銀行必須發行等量的人民幣來應對滾滾流入的美元。背後支撐這一變革的是兩地不同的物價，升值與否不會改變財富轉移的速度。日本是經歷了升值，一直升到日本的生活費用和物價比美國還高。韓國沒有升值，但通過內部的通貨膨脹，一路物價飛漲，直到勞動力、物價和發達國家相當。

我這裡也試著算算，到底人民幣對美元會變成多少。

根據平價購買力 Purchasing Power Parity (PPP)，按 2006 年的物價水準，人民幣對美元匯率為 4.2：1。根據漢堡包指數(Burge Index)，也就是全世界麥當勞的巨無霸（BigMac）的價格應該相當，人民幣對美元為 3.6：1。Burge Index 真的很准，2000 年的時候，它成功預測了歐元被低估。現在這個指數又顯示美元被低估了.

人民幣有兩種方式最終達到這個匯率水準。一種是明面上的名義匯率的升值，現在牌價每天都在變。但是政府的步子很小，即便最近把升值提速了，一年的變化也就是 2%~3%，今年年底也不會跌過 7:1。一種是暗地裡的變化，往往為人們所忽視。

今年人民幣的實際發行量比去年同期增長了 22%！人民幣通過內部劇烈的通貨膨脹，在以更快的速度達到匯率平衡。你可能問，多發了 22%，為什麼沒見中國有惡性通貨膨脹(hyperinflation)?中國政府通過發行公債的方式—Sterilzie Liquity，來吸收市面上的人民幣。M2 after sterilization 只增長了

17.4%。減去 10.5% 的 GDP growth，實際的 CPI 通貨膨脹應該在 7% 的樣子。這比政府公佈的 4% 的 CPI 要高一些，但和 10% 的副食品漲幅傳遞的信號差不多。

人民幣匯率從 8.0 到現在的 7.64，用了一年的時間。根據這個升值速度，三年後的名義匯率是 6.2：1 的樣子。但人民幣的通貨膨脹也會把漢堡包指數（Burge Index）推到 5：1 的樣子。發展中國家的物價水準應該比發達國家低一些，特別是中國沒有自己的產品品牌，必須靠價格取勝，和東南亞、臺灣相似，和日本、韓國不能比，除非哪天有自己的牌子了。所以我估計未來的名義匯率應該在 6：1 左右。

但大家不要只盯著名義匯率的變化。以為升值速度和幅度很小就可以高枕無憂了，或者以為 6：1，自己還是很有錢。史無前例的財富正在朝中國滾滾而去。中美工程師的工資差額目前是 5 倍左右。按照我前文計算的每年實際的 15% 的變化速度，10 年左右，兩地的工資就會拉到兩倍以內。別忘了，20 年前，兩地可是差近一百倍.

這對美國白人，沒有關係。但是對一直有優越感的美籍華人，要想想如何調整心態，或如何應對這一變化。想要未來退休回中國 Living Like a King 的人，最好現在就去趕緊享受你的 king's life，不然，夢想就永遠只能是夢想了。

"會走路的錢"這個想法是從時間中漸漸摸索出來的。回想我自己 20 多年的投資理財經歷，每過一個階段，我會反思一下自己之前走過的投資道路，也會思考一下未來應該怎樣實現下一步的目標。

在我的記憶中，有幾個比較大的思考節點。一個是當我擁有 100 萬美元資產的時候。我僅僅工作了 6 年，為什麼就能夠擁有 100 萬美元？這和教科書上以及各種報刊雜誌上的投資理財計畫都不一致。按照報刊雜誌一味宣傳的 401K 的分期定投方法，只有在你很久以後—直到你退休的時候才能成為百萬富翁。

　　另外一個思考的節點是在我基本快完成十年理財計畫的時候。我給自己定了一個新的看似難以實現的計畫，就是再加一個零。當初制定這個十年一千萬計畫的時候，我甚至完全不知道如何去實現。但是後來實現的時候，我又陷入了很長時間的思考。經過這兩輪思考，我漸漸感悟出了"會走路的錢"這樣的一個投資理念。

　　什麼叫作"會走路的錢"呢？用一句能說清楚的話簡單概括就是：各種投資品的價格，並不與它們的生產成本和使用價值相關，其價格也並不固定。決定一件投資品的價格未來會不會上漲，取決於擁有這些投資品的人，未來會不會比現在更顯著的有錢。特別是那些未來必須擁有這個投資品的人，也就是剛需人群，會不會比現在有錢。

　　我可以舉幾個簡單的例子，說明"會走路的錢"的原理。

　　比如說中國的古董現在變得非常的值錢。在全世界的古董拍賣會上，各種唐宋明清的文物，只要是民國以前的藝術品，價格都非常高。圓明園曾經用過的噴水龍頭，其實並沒有什麼藝術價值，年代也不是很久遠，價格也被炒到上億的天文數字。

　　這些東西在剛剛改革開放的時候，可以說不是那麼值錢。一個外國人哪怕是中產階級，到中國都有能力收購這些東西。這些東西現在變得非常值錢，是因為中國整體變富裕了，中國人有錢了。

　　能夠看到這一點的人就可以發財。比如剛改革開放的時候，曾經有一個法國人到中國來收購各種現代繪畫，比如我喜歡的嶽敏軍的繪畫就是其中之一。當時這些繪畫在中國並不值錢，也不算文物。但是這些繪畫對於我這個年紀的人，現在看來就是珍寶。因為這些繪畫可以觸動我童年成長的很多回憶，讓我產生各種強烈的共鳴。我們這一代中國人現在變得有錢了，所以這些畫也就從幾千元一幅漲到了幾千萬元一幅。畫還是那幅畫，倘若我們這代人沒有變富裕，就不會變得值錢。

　　如果你覺得藝術品市場你無法理解，那我們看一看大家熟悉的股票市場。股票市場會走路的錢的例子就是日本過去 50 年股市價格的變化。背後就有"會走路的錢"的道理做支撐。日本 70 年代股票的價格，曾經有個小幅的上漲，但是又陷入了回落。當時很多人都認為那是泡沫。但是那之後股市一口氣在 80 年代長了幾十倍。主要的原因就是日本那一代人變得有錢了。之後，日本陷入了老齡化，新生人口變少，一代人的收入陷入停滯。股票和房子在泡沫之後再也沒有恢復過來。

或者再舉一個現在我在中國看到的例子。上個月我去杭州余杭區的阿裡巴巴總部開會。余杭區那一帶原來都是農田，屬於城鄉接合地區，亂七八糟地住著一些到城裡做小買賣的農民。2015 年的時候，那裡的房價也不貴。當杭州市中心的房價已經突破 5 萬人民幣一平米的時候，那裡的房價只有七八千人民幣一平米。

但是阿裡巴巴的總部遷到了余杭區。他們在那裡修建了一個巨大無比的產業園區，要雇傭數萬人在那裡工作。這些雇員都是從全國各地來的頂尖聰明的年輕人，他們的年齡差異都不大。最年長的和最年輕的也不過差五六歲，絕大部分都是應屆畢業生。

比起其他行業。阿裡巴巴的員工的收入很高。這些人將來都需要結婚生子購房，他們的孩子都要上幼稚園、上小學、上中學。他們的到來一下子把這裡的房價推高到 4 萬到 5 萬人民幣一平方米。

如果你關心余杭的房價，你就會注意到當阿裡巴巴要遷過來的消息傳開的時候，房價有了一定幅度的上漲，但是上漲的並不多，大概漲了 50%左右。真正讓房價漲起來的是這些人陸陸續續搬入園區之後。

房地產的價格和股票的價格不一樣，房地產的價格變化的市場效率沒有那麼高。股票價格在消息出來之後，往往是在幾秒鐘之內價格可以漲到位。除非你有特別快的電腦能夠捕捉到這個差價，大部分人只能望洋興嘆。

房地產價格則不一樣，因為買房需要籌措資金，需要時間。固然也有人看到了房價的趨勢，進行投機活動，把房價提高了 50%。但是真正的推手還是需要真金白銀出錢者的最終到來。所以說利用這個時間差就可以掙錢。

這樣的例子不限於余杭，在中國的各地都在發生著，比如上海的張江高科技園。如果你觀察上海各個城區房價的漲幅，你會發現房價上漲最多的地區，如果按照百分比計算，並不是市中心那些傳統的比較好的區域。市中心的區域當然價格相對平穩，漲跌幅度都會比較小。過去十幾年漲幅最多的是張江高科技園周圍的房價。

因為張江高科技園成立之後，來了很多年輕人。這些年輕人來的時候很聰明，智商很高，都是全中國和上海的頂尖的大學畢業生。他們剛來的時候還沒有錢，需要一段時間工作積累之後。當他們有了不得不解決的住房剛需，要結婚要生孩子的時候，才會把房價真正的實實在在地推高上去。

北京也是一樣，北京房價漲幅最高的，不是傳統的東城區和西城區。而是在五環以外的五道口，上地這個地區。這個地區對於傳統的北京人而言，是一個鳥不拉屎的地方。但是這裡集中了中國最主要的高科技產業園，大量的中關村高科技公司都在這裡。

這裡的雇員來自北京一系列最好的大學。同樣的道理，因為這些雇員來自中國各地，大部分都是普通家庭出身，他們需要在工作相當一段時間之後才有能力買房。也只有在有能力買房之後，才會切切實實地推高這裡的房價。

所以你要做的就是跟著年輕人走就好了。你可以觀察這一代最聰明的，未來收入增長最快的年輕人他們去哪裡，他們在做什麼，他們以後有什麼樣的剛需，然後你就去他們未來要去的那些地方，把資產先買好。等到這些年輕人來的時候，這些資產價格就會上漲。

美國的房地產也是一樣的道理，比如灣區的房地產就是這樣。灣區集中了全世界最頂尖的聰明人，這些聰明人也許來自歐洲，也許來自美國的其他地方，也許來自中國和印度。但是在他們來的時候，往往他們手上還沒有錢。即使有錢他們也不太敢花，因為他們全部的注意力都在創業上。也許他們非常聰明，是斯坦福大學的高材生；也許他們來自哈佛和麻省理工。可是要等他們事業有成之後，他們才有能力去買房子。所以你比他們領先一步就可以了。想當年深圳城中村的農民是怎麼發財的，也是一樣的道理。

會走路的錢的一個中心原則就是不要和有錢的人去拼體力。這是在房地產投資上人們經常會犯的錯誤。

會走路的錢

拿上海做例子，上海分浦東和浦西，浦西是傳統上海舊城區，浦東則是新的城區。老的浦西人總的來說對浦東存在一種傲慢，一句傳統的老話就是：甯要浦西一張床，不要浦東一套房。

然而這些傳統的傲慢給傳統的上海市民只會帶來傷害。我上海的親朋好友中，大部分人只是在自己熟悉的舒適圈裡購買房屋。比如他們生活在靜安區，就會覺得靜安區非常好，就在靜安區購買房屋。比如他們生活在徐家匯，就會覺得徐家匯有一些悠久的殖民地傳統，一定要在法租界裡購買房屋。而在他們眼裡，浦東都是鄉下，那裡人說的上海話都不夠標準。只有在舊租界裡的房子才是高檔房子。

可是如果你回顧一下上海的房價歷史，你就會發現浦東的增長幅度大約比浦西房價高一倍。主要因為浦東大多數是新移民，是新區。在浦東你連上海話都很少聽見，浦東集中了一批新興的產業，比如陸家嘴的金融業就比上海老城區的影響力要大。浦東新區在發展過程中建造了大量的住房，而浦西是在老城區裡改造，總體的建設面積不如浦東大。20 年前，浦東的房價要遠遠低於浦西，但是隨著新興產業的發展，年輕人越來越多，現在浦東的房價幾乎跟浦西一樣。

這樣的例子太多太多，我都舉不完。和浦東浦西類似的例子是韓國的首爾江南區。如果你利用這樣的遊戲規則，你永遠可以掙錢下去。我再說一個今天正在發生的故事。比如在上海，你去問現在生活在上海的人，保證 95%以上的人都不知道金澤是個什麼地方。就像 2010 年我寫博客建議大家去臨港投資，就幾乎沒人知道臨港在哪裡。金澤今天正在發生翻天覆地的變化，因為華為即將到金澤開辦產業園。金澤未來將有幾萬的高薪人才入住。

這就是如何在一個地區和一個城市之內，利用發展的速度的不平衡去管理自己的錢。國家和國家之間，跨越大一點的時空，也能夠看到這樣的變化。

我在"會走路的錢"那篇博客裡舉的例子就是國家之間的例子。我那個華人同事韓戰期間既沒有用一個月的津貼去買一套住房，也沒有正兒八經去追求一個韓國姑娘。他把那些錢花在酒吧裡用來喝啤酒了，想的只是服完兵役趕緊回美國。

當然有的人會去實踐，舉個例子，北京的望京地區集中了大量的韓國人。他們是在北京房價相對很低的時候，在望京地區購入了大量的房產。因為他們在韓國經歷過房地產價格飆升的痛苦，他們知道同樣的事情也將在北京發生，所以他們在望京購置了房產，興辦一些企業和餐館。這些人利用國際消費水準的差異，狠狠地賺了一筆錢。

上海這樣的國際大都市當然也不能落後。臺灣人到上海集中在古北地區，古北地區的房價基本上是被臺灣人一路推高的。他們在臺灣也經歷過房價飆升，體會過無法"上車"的痛苦。所以比上海當地人領先一步購置了大量的房產。

這些韓國和臺灣的精明投資者，被稱作全球套利者(global arbitrager)。今天這樣的機會到處都是，因為不斷有國家走上富強，有國家走向衰落。

香港和深圳也不例外。當深圳的月工資只有 1000 元人民幣的時候，香港很多人的工資已經是 1 萬元一個月了。所以當時的香港卡車司機都可以回中國娶個漂亮姑娘。然而大部分香港人既沒有去深圳娶一個漂亮姑娘，也沒有去深圳買房子。他們用辛辛苦苦攢來的錢和香港的舊錢(old money)拼體力，買了 30 平米的小公寓，把錢都交給了李嘉誠。

你在紐約的曼哈頓也能看到這樣的景象。華爾街金融公司的雇員們收入很高。可是他們無非也就是用按揭貸款，在曼哈頓附近買一個上千萬美元的公寓。其實他們完全沒必要這麼做，有太多比曼哈頓公寓更好的投資機會。

按照"會走路的錢"的投資原理，你要做的就是用自己的錢欺負那些未來會很有錢，但是現在還沒有錢的人。

在美國，星巴克的 CEO 出了一本關於房地產投資的書。他發現一個規律，就是在星巴克周圍的房地產價格的升值速度要比其他地區更快。同樣的道理，那些穿著很潮的年輕人聚集的社區的房價就會比其他地方升值潛力高一些。

會走路的錢

這些很潮的年輕人在年輕的時候，大部分錢都用來談戀愛和打扮自己了。但是一旦結婚成家進入中年，他們就會把每一分錢都花在必需的投資品和房地產上，所以你比他們稍微超前個幾年就可以了。

"會走路的錢"的投資方法，總的原則就是，把自己的投資瞄準未來可能成為富人，現在還是窮人的人。購買這些窮人未來可能會需要的東西，欺負他們現在還沒有錢，不要和那些比你更有錢的人去拼體力。這些投資品可以是藝術品、可以是房地產、也可以是其他任何東西。抱著這個"會走路的錢"的原則，我 2016 年前後開始投資比特幣。這個實戰經歷我將在第十七章展開說明。

我投資比特幣的原因很簡單，就是我發現購買比特幣的人都很窮。當時在比特幣的相關社交論壇裡，大部分人的夢想就是等比特幣漲了之後，可以把他的學生貸款還掉。

擁有和購買比特幣的早期投資人，都是一些很聰明，但是很窮的人。他們可能擁有淵博的數學、物理、電腦知識，很多是名校的博士，他們可能未來會變得很有錢，但是當時都是二三十歲剛出頭，在社會上沒有穩定的經濟基礎的人。將來他們變得有錢了，比特幣價格也就會被推上去。他們沒有錢的一個證明就是"比薩餅事件"。2010 年，一個叫作 Laszlo Hanyecz 用一萬枚比特幣購買了一個披薩餅。這一萬枚比特幣現在大約值 7000 萬美元。早期玩比特幣的人都是窮小子，不然也不會去吃 pizza。

當我觀察到這一個現象的時候，我毫不猶豫地開始買入比特幣。這些人未來會變得很有錢，而在當時還沒有見到什麼是大錢。關於比特幣的研究也表明，早期擁有大量比特幣的人，甚至比特幣的核心開發團隊的人，並不擁有很多比特幣，因為都被他們換比薩餅吃了。當然我投資比特幣還有其他的一些考量，這些內容我會在關於比特幣的章節裡進一步詳細論述。

02 通貨膨脹

提到投資不可避免的就是要弄明白通貨膨脹。財富是在到處走動的，財富永遠在不斷地此消彼長的變化過程中。哪怕你什麼都不做，把錢存在箱子裡頭，放在銀行的保險庫裡，放在你睡的床墊裡，錢也會在不停地走路。你要做的就是為這些錢選對正確的方向，跟著錢一起走。

而老年人經常犯這樣和那樣的錯誤。一種最常見的錯誤就是存錢而不投資。我認識不止一個老人，他們一生都非常的節儉，一輩子都在存錢。特別是經歷過五六十年代艱難生活的老人，他們一直把自己收入的相當大的比例存入銀行。可惜他們一輩子也沒有存下什麼錢，通貨膨脹把他們的錢全部都消耗掉了。

關於通貨膨脹的計算，很多投資理財的人可能都有一定的誤解。要麼是覺得美國隨時會陷入通貨膨脹的災難，美元變得一分不值，要麼是覺得美元永遠保值，只要安安穩穩的存美元就好了。2006 年的時候，為此我還專門寫過一篇文章。今天看來基本觀點依舊成立。

Seigniorage、超級通貨膨脹、與殺人犯 (2007 年 4 月 23 日)
by Bayfamily

英語裡，政府通過印票子帶來收入叫鑄幣稅 "Seigniorage"。這詞來自法語詞"seigneur"，指的是中世紀時，可以造錢的領主"feudal lord"。現在引申為政府通過增加貨幣流通量來支付政府支出。可見通過發票子發財不是什麼新鮮事，古來有之。

美國到底會不會發生超級通貨膨脹呢？大家眾說紛紜，極端的人常常拿南美的諸國，德國魏瑪時期的通貨膨脹來嚇人，超級通貨膨脹掠奪民生，實在是十惡不赦。不妨用犯罪方式來分析。就好比有人一口咬定 Bayfamily 是殺人犯一樣，判定 Bayfamily 是不是殺人犯，要看我有無前科、有無犯罪動機、有無犯罪手段、有無犯罪事實，要是一條都沒有的話，再說我是殺人犯，那就是栽贓陷害了。

犯罪前科

美國歷史上從來沒有過惡性通貨膨脹(hyperinflation)，除了南北內戰時期的南方以外。那是情有可原，如同 1949 年要崩潰的國民黨政府一樣。看看發生通貨膨脹的國家，有很多都是因為內戰、政府岌岌可危。今天的美國離那

會走路的錢

一步還很遠。70 年代的時候，由於石油危機，能源價格猛漲，美國曾經有 10%以上的通貨膨脹。但那和政府惡意的 Seigniorage 沒關係，政府並沒有試圖通過通貨膨脹來解決財政問題。聯儲局通過加息，很快控制了局面。跟犯罪一樣，發生 Hyperinflation 的國家多半是前科累累，典型的例子是南美諸國，前幾年陷入經濟危機的阿根廷，曾經 13 次暴發 hyperinflation，未來恐怕還會一次次再來。

犯罪動機

首先要明白為什麼會發生 Hyperinflation，直觀的想法是票子發的太多。Hyperinflation 對經濟、民生、政權是個災難，為什麼政府要猛發票子，自毀長城呢？原因是政府無法通過稅收和其他正常手段來滿足財政支出。爆發 hyperinflation 的國家，不是政府太笨，不明白經濟學，而是由於缺乏完善的稅收體制和有效的執行部門。中央政府沒辦法把錢收上來，只能被迫通過發票子應付財政支出。

Seigniorage 在美國財政的比例非常小，2006的資料是3%的federal income 來自 Seigniorage。就算通過發票子增加一倍的話，美國政府實在沒必要為了區區 3%的蠅頭小利，而衝垮整個國家、乃至全世界的金融體系。美國有完善的稅收體系，發票子實屬下策。

事實上通過 Hyperinflation 能夠給政府帶來的財政收入非常小，為什麼呢？經濟是量化思維，這裡我不得不寫個公式。

m(貨幣發行量)*V（貨幣流通速度）=P（價格）* Y(社會總產出)，

這個公式的另一個表達方式是： %m+%V=%P + %Y ，這裡是百分比的變化量。%p 就是通貨膨脹率。各位都是留美精英，明白微積分很容易互導兩個公式。

Hyperinflation 來臨的時候，誰也不會傻到枕著鈔票過夜，大家拿到鈔票的第一件事就是把花掉。老百姓一知道政府要亂發票子，政府還沒來得及發票子，m(貨幣發行量）還沒動呢，v(貨幣流通速度）就會一下子增長幾倍、或幾十倍。進入 Hyperinflation 時，v（貨幣流通速度）更是上千倍的增長，大家拿到錢一個小時內就會全花掉。別忘了，政府的收入是通過貨幣持有人的現金貶值實現的，持有人手上沒有現金或貨幣流通的很快的話，Hyperinflation 對政府就沒有什麼意義。這完全是貓捉老鼠的遊戲，一個比誰印的快，一個比誰花的快。

Seigniorage 在 hyperinflation 時給政府帶來的收入實在有限，Seigniorage 在隱形的低通貨膨脹期要更有效，從這點上，美國沒有犯罪動機。

犯罪手段

票子的發行是聯邦儲備銀行（Fed）。它是一個相對獨立的部門，號稱國會、法院、總統以外的第四只腳。Fed 的工作就是發放貨幣，控制流通。把 Fed 變成獨立於國會、政府以外的機構，從根源上避免了 hyperinflation 的可能。南美各國，不是央行想發票子，而是政府、總統頂著他們發。中國也一樣，央行聽總理的。反觀美國，即使美國總統、國會要通過 Seigniorage 來滿足赤字，Fed 也不會答應。美國根本沒有 Hyperinflation 的犯罪手段。

犯罪事實

要是我 Bayfamily 沒有前科，沒有動機，沒有手段，但是我有殺人的事實，那我還是殺人了。Fed 要是太笨蛋、全沒學過經濟學、不明白上面的公式，還是會犯罪的。美國有沒有 hyperinflation 的事實呢？

回到上面的公式：$\%M + \%V = \%P + \%Y$。過去幾年裡，貨幣發行量穩定在 6%左右，v（貨幣流通速度）沒有什麼變化，%Y 是 GDP 的增幅，在 2.5%~3%。通貨膨脹和價格變化與大家觀察的差不多，在 2.5%~3%左右。要想實現 Hyperinflation，%m 必須在 15%以上。美國每月的 Money Supply 統統公佈，又沒有偷偷印錢，根本沒有 Hyperinflation 的犯罪事實！

美國怎麼看都不會發生 Hyperinflation，就像 Bayfamily 怎麼看都不像殺人犯一樣。那為什麼總有人跳出來嚇唬大家呢？我看和練法輪功的一樣，唯恐天下不亂。有的人是不明白上面的公式，把通貨膨脹和貨幣發行量混為一談。大家都喜歡聽災難性新聞，害的我標題都得反著說。

回到標題，美國發生超級通貨膨脹，我們該怎麼辦？答案是馬照跑、舞照跳。用不著杞人憂天。

會走路的錢

總體上而言，美元過去沒有亂發，現在沒有亂發，未來也不會輕易亂發。所以不會有超級通貨膨脹。但是另外一方面，政府總是在緩慢地讓錢變得更加不值錢。這個緩慢的力量一時半會兒你感覺不到，但是十年二十年下來就能知道它的厲害。

舉個例子，官方公佈的通貨膨脹的比率經常是 1%~2%之間。讓你覺得好像沒有什麼大不了的，只要我投資的回報超過 2%，我的錢就可以保值。一個例子就是讓大家去買 Treasury Inflation Protected Securities (TIPS)。這是一種美國針對通貨膨脹憂慮的國家債券。就是在通貨膨脹的基礎上，再加上幾個百分點的利息作為利率回報。然而其實 TIPS 是一個巨大的陷阱，長期買這類債券會你的錢變得一點都不值錢。因為通貨膨脹率只代表了物價水準的變化，並不代表社會相對財富的變化。

今天的中國和美國，雖然意識形態高度對立，但是實際上兩個國家彼此越來越像。美國聯邦政府越來越龐大，越來越像中央政府。福利越來越多，越來越像社會主義。中國則是越來越吸取資本主義的成分，隨著中國發展速度下降，中國未來的通貨膨脹和美國過去的、現在的、和未來的通貨膨脹情況估計差不多。

通貨膨脹對於大部分中國人來說，想到的是國民黨時期貨幣濫發，總覺得那是相對遙遠的事情。在政權穩定的時候，不會發生這樣的事情。其實政權穩定的時候並不是貨幣濫發，導致財富縮水，而是快速增長的經濟，也會導致你的現金財富縮水。

我對這個事情的直接感受是我在美國博士即將畢業的時候，當時辦公室來了一位從南方某個大學來的老教授，我正在和同學聊天，比較我的三個 job offers。那位老教授聽到 offer 的薪水之後，憤憤然地說，"自己幹了一輩子，工資也就一年 7 萬多美元"。他覺得非常不公平，你們年輕人一畢業就可以拿到 7 萬多美元的收入。他說當年他大學畢業的時候能夠拿到 1 萬美元的收入就是高薪了。

當時他的話讓我吃了一驚，我還不知道 70 年代美國的工資收入那麼低。我去查了一下，他說得基本正確。可是 30 年通貨膨脹引起的貶值沒有那麼高啊。如果你把過去 30 年的資料拿出來計算一下，按照每年 1%~2%的通貨膨脹率，那應該收入只差了 50%~100%左右。為什麼會有這麼大的差異呢？

這是因為大家對貨幣和通貨膨脹率的理解出現了問題。

假設某個國家的 GDP 是 1 萬億美元。為了更簡單的計算，如果金錢流通速度 money speed 是 1 （money speed 的意思就是錢流轉的速度），那麼就需要 1 萬億美元的貨幣作為支撐。這個時候如果經濟增長了 5%，那麼 GDP 就變了 1.05 萬億美元。如果通貨膨脹率是 0 的話，政府就要多印出 500 億美元，也就是貨幣的總量變成了 1.05 萬億美元。

所以即使通貨膨脹率是 0，如果你持有現金財富的話，你的財富也會縮水。你可能會說我的財富沒有縮水呀，因為價格沒有變，我原來口袋裡的 100 元和現在口袋裡的 100 元買到的東西是一樣的多。

然而當我們比較貧富的時候，其實我們比較的是相對值，而不是絕對值。如果比較的是絕對值，現在任何一個中產階級的實際財富收入比起 3000 年前的國王都要多。然而 3000 年前的國王的富裕感遠遠比現在的中產階級要高很多。

我們富裕感並不是來自絕對財富的多少，而是相對財富的多少。也就是比起你的左鄰右舍，比起你熟悉的人，比起你的親戚同學，是不是你的財富更多。當然很多人會批評這種比較方式是不對的，就是不要和他人去做攀比。

但是事實上我們因財富多少而產生的快樂感，因成功而產生的成就感，都是和他人攀比而形成的。不然福布斯也不會每年公佈世界最有錢的人排行榜，因為相對量是比較財富最靠譜的標準。比如說如果你擁有一美元，原來你擁有的是全部錢的一萬億分之一。而現在政府多發了 500 億美元，你的財富就縮水了。

你可能又說，不對啊。大家的現金財富很少，大部分是其他形式的實物財富。現金多少和我沒關係，因為現金財富占總財富的比例很低。事實上，實物財富也在源源不斷地被生產出來。房子越造越多，公司股票也是越發越多。如果通貨膨脹率是零的話，現金財富的增長比例和實物財富的增長比例是一樣的。所以即使通貨膨脹率是零，只要 GDP 在增長，社會總財富在增多，你的相對財富就在縮水。

然而政府掠奪財富的方式通常比這個要再貪心一點。僅僅憑空製造了 500 億美元還不夠，政府還喜歡加一點通貨膨脹，美其名曰刺激經濟。當然這裡有凱恩斯學派和奧地利學派常年的爭執，我並不是在這裡做經濟學的科普，也不想說到底是固定的貨幣總量，以黃金作為本位的貨幣模式更好，還是以小規模的通脹作為法幣發放的基礎更好。那些是留給經濟學家們去研究的事情。對於我們小老百姓只能去分析在當下的貨幣框架下，在現有的運行體制下，應該怎樣更好地做到財富增值保值。政府如果想保持 2% 的通貨膨脹，就需要多發 700 億美元。相應的，你的財富也就會按照 7% 的比例縮水。

在中國大家都知道貨幣變得越來越不值錢。在改革開放剛剛開始的時候，萬元戶就是大富翁了。當時擁有一萬元人民幣的人，被大家看作極其富有的人。然而如果這個大富豪把一萬人民幣存起來存到今天的話，恐怕也就和普通民眾一個月的工資一樣多。然而你看中國的通貨膨脹率，從改革開放到今天，並沒有發生委內瑞拉和非洲諸國的嚴重通貨膨脹。當然有的時候會有幾年 8% 以上的通貨膨脹，但大部分的時候通貨膨脹率都在 2%~3% 左右。

那到底是通貨膨脹吃掉了你的錢，還是經濟發展吃掉了你的錢？有人會說政府公佈的經濟資料有虛假成分。其實宏觀經濟的資料很難做假，至少很難長年累月地做假。如果經濟增長率是 10%，而貨幣通貨膨脹率又是 5% 的話，你的收入是按照每年 15% 的比例在進行縮水。用這個比例來看，改革開放 30 年中國財富的增長和存錢的人財富縮水基本是相當的。

我認識的一個國內的老人，會計出身，一輩子擅長精打細算過日子。他的存錢習慣和我差不多，在 80 年代末一個月工資只有 100 元的時候，他會存 20 元，到 90 年代工資是 1000~2000 人民幣的時候，他會拿出 200 元存錢。每個月他都會沾沾自喜地說，這個存款又收穫了多少利息，那個債券又收穫了多少利息。90 年代曾經有幾年國庫券，5 年左右的時間收益就會翻番。

　　然而他存了一輩子的錢，居然也沒有存下什麼錢。最後去世的時候只存了 30 萬人民幣。說點諷刺的話，去世的時候，一個像樣的墓地價格已經漲到了 15 萬人民幣。在經濟快速增長的社會環境裡只存錢不投資是沒有意義的。

　　不但存錢沒有意義，存黃金也是沒有意義的。因為在快速增長的經濟環境裡，人們的收入和人們實際財富的增長超過了任何一種貨幣的增長。在改革開放之初，在我的記憶中，結婚的時候需要買一個金項鍊作為聘禮。然而隨著整個社會財富增長到了現在，沒有人會認為一根金項鍊是可以拿得出手的體面的聘禮。因為大部分中國人現在工作一個星期就可能買得起一根金項鍊。

　　我的家庭可以說對金項鍊有著特別的經歷，所以讓我印象深刻。我哥哥 80 年代中期的時候，有一次經別人介紹和女方家庭相親。女方家要求男方家準備一根金項鍊。當時一根金項鍊在 1000 人民幣左右，而那時候一個月的收入只有 100-200 元。所以要存一年的錢才能買得起。我哥哥也因為此事和那個相親的姑娘而不歡而散了。

　　金項鍊的故事告訴我們，僅僅靠抗拒通貨膨脹的投資並不是一個好的投資。黃金是一個很好的抗拒通貨膨脹的投資品，因為黃金的總量基本穩定，黃金又是持續了幾千年上萬年的一種國際貨幣。然而存黃金在快速增長的經濟環境裡是沒有意義的，因為新的財富被太快太多地製造出來。

03 存錢還是消費？

　　無論是中國還是美國，從全國的指數看經濟增長率是沒有意義的。因為你不可能平均地生活在全國各地，你肯定生活在某個特定的城市，某個特定的社區裡。所以你財富的多少，因之而產生的幸福感是跟你周圍的人進行比較。

　　有的人可能會說中國經濟高速增長，美國從來沒有過高速增長，所以上面我說的事情和他無關。這個觀點也是不可取的。以灣區為例，實際的工資增長率或者是 GDP 的增長率是在 5%~8%之間。所以如果你的財富增長沒有比這個速率再加上通貨膨脹更高，那麼其實你的財富就是在縮水。

會走路的錢

另外一方面就是通貨膨脹率並不反映勞動生產率的提高。在各個社會生產部門之間勞動生產率的提高是不一樣的，比如農業的勞動生產率就沒有提高很多，單位農民產出的 GDP 並沒有特別快的增長。而在有些行業，比如金融電腦高科技領域，單位人均 GDP 勞動產出增長的要快一些。

所以對一個年輕人而言，到底是花今天的錢還是花明天的錢，最好的判斷是比較今天的收入和未來的收入。如果你覺得你的收入增長會超過 10%，而投資回報的比例只有 5%。那你就應該花今天的錢而不必存錢。如果你覺得未來的收入增長率會低於你的投資回報率。那你就應該老老實實的存錢，盡可能多地存錢和投資。

對於投資而言也是，就是你的投資回報率一定要超過你所在人群的收入增長率。這樣的投資才是好的投資，否則其實就是貶值的投資，不如直接去消費。

04 如何保值

會走路的錢最重要的第一件事，就是如何防止錢從你家裡走掉了。你可能說我沒有那麼聰明，我也沒有那麼幸運，我也不認識什麼年輕人，我也不知道哪些年輕人未來會成功，哪些人會發跡。所以我沒有辦法去追逐他們的腳印，沒有辦法讓錢走到我家裡來。

那我至少做到我的財富不至於縮水，如何實現保值呢？

前面說過僅僅買抗拒通貨膨脹的投資品，是不能夠做到保值的。做到保值最好的辦法，還是認清形勢和宏觀環境的變化，然後在這個宏觀形勢下持有稀缺品。

住房其實不是稀缺品，因為不停地有新的房子被製造出來。土地的總量雖然有限，地球一共就那麼大，然而適合蓋房子的土地也不是稀缺品，因為不斷地有生地被開發成熟地。

幾乎沒有什麼不動腦筋的模式，可以保證你保值。這個世界就是在永遠動盪和變化中的，沒有什麼以不變應萬變的策略。股票、黃金、比特幣、藝術品、債券沒有一樣是能夠做到不動腦筋 100%保值的。錢就是這樣，你一個不小心，它就從你家門縫溜走了。

如果有什麼教訓的話，那可以回到我們前面說的阿里巴巴的例子。因為阿里巴巴，大量的年輕人湧到叫作余杭的杭州新區。這些年輕人推高了這裡的房價。阿里巴巴在余杭帶動了一系列的服務業，因為幾十萬的年輕人需要生孩子、買食物、看病、上學，還需要把他們的老人接來和他們一起生活。然而今天蒸蒸日上的同時，是未來衰落的前兆。天下沒有哪個企業是可以做到長盛不衰的，互聯網行業更是如此。今天的互聯網就是 50 年代的汽車工業。

在美國的底特律，如果你 50 年代在那裡購買了房產，你會發現怎麼買都能賺錢。因為有源源不斷的產業工人湧入，美國生產的汽車賣到全世界各地，全美國的錢都彙聚到底特律來了。

然而在 80 年代之後你還長期持有底特律房產的話，那無論你是多麼聰明的人，無論你怎麼折騰，你的錢也會變得越來越少。因為產業一蹶不振，人口在流失。

投資的時候有一句話叫作趨勢是你最好的朋友，房地產更是如此。房地產的趨勢更加穩定，更加持久。一個興旺的房地產市場會持續二三十年，一個走下坡路的房地市場也會持續走二三十年。中間當然會有一些小幅反向的波動。一個聰明的人就是看清楚大的方向，然後堅決果斷地作出投資決策。

比如有一天也許一個新的競爭者要取代阿里巴巴。這一現象會很快地被傳遞在股票市場上，阿里巴巴的股票可能會大跌到原來的 10%，而新的股票可能會如日中天。

這個時候余杭區的房價會下跌嗎？不會的，因為市場反應沒有那麼快。人們通常是在被裁員和降薪之後，才會做出離開那個城市的決定。這個反應需要一年、至少幾個月的時間，有足夠多的時間讓你逃離這個市場。你只需要比其他人更加勤快一些，哪天阿里巴巴真的不行了，余杭區的衰落恐怕要持續幾十年才能完成。

會走路的錢

我曾經去過瀋陽的鐵西區。瀋陽的鐵西區就跟底特律一樣，五六十年代的時候曾經是中國最繁榮的工業基地，就如同現在的余杭區。但是這些區的衰落都不是在一夜之間形成的。如果你是一個聰明人，那就應該在 80 年代中期改革開放後離開鐵西區。

底特律也是一樣的。當你看到日本的汽車企業生產更好的車的時候，你就知道底特律的衰落開始了。你有整整 30 年的時間，有充分的機會逃離這個地區。

今天的紐約，沒有金融業會離開這裡的任何跡象，所以曼哈頓會長期興旺很久。但是也很難再有一個快速的增長。灣區則不然，因為未來越來越多的錢會彙集到灣區，灣區還在上升期。舉一個例子就是灣區以前是不生產汽車的，可是現在連蘋果公司都要生產汽車。穀歌、蘋果、特斯拉生產的汽車銷量在美國占相當比例的時候，灣區會產生更多新的就業崗位。

但是天下沒有不散的宴席。縱觀人類歷史歷程中城市的興亡，雖然每次跨越的時空尺度很大，但沒有永久興盛的城市。對於中國人而言，最熟悉的就是深圳和香港的比較。曾經深圳只是一個小漁村，但是現在深圳的 GDP 已經超過了香港。當然，如果你再往前數200年的話，那個時候香港只是一個小漁村，寶安縣比香港要大一些。

類似的故事也發生在我熟悉的上海和蘇州。現在上海是中國長江三角洲第一大城市，可是你倒數到鴉片戰爭之前，蘇州是這裡最大的城市。如果再往前數一數到宋元時代的話，杭州是這裡最大的城市。上海的地位並不是永遠不變的。如果上海一直這樣限制人口，沒有跟上 IT 產業的發展，整日沉迷在舊上海殖民地的文化心態的話，最終可能會被不那麼限制人口的杭州和蘇州超越。別忘了，蘇州的城市人口從改革開放前 100 萬不到一口氣漲到 1200 萬，整整漲了 12 倍。而上海同樣一個階段，人口只漲了 2 倍多一點。蘇州和杭州的人口目前還比上海小一半，但是如果持續保持寬鬆的戶口政策，很有可能在未來20年裡超過上海。

明白深圳和香港興衰的人應該在20世紀80年代初期就看到這一點。一個城市的興盛和衰落，完全就是依靠人口。當人們都去某地的時候，某地就會興旺。當人們都離開某地的時候，某地不久就會衰落。

香港的興旺開始於1949年之後，大量逃離國共內戰的中國人，他們帶著上海和其他地區的資本來到了香港。在1949年短短的一年間，香港的人口幾乎增加了一倍。

到了1979年，中國進入改革開放之後。很多人會覺得香港會永遠興盛下去，而深圳永遠落後。事實上不是這樣的，1979年之後香港的人口不再增加了，而深圳的人口卻是在爆炸性的增長。無數年輕人懷揣著夢想到深圳去打拼。聰明的投資人應該在80年代深圳花很小的代價買一些房子，這樣2000年之後你就坐收漁利了。因為80年代去深圳的年輕人，他們只懷揣著夢想，卻沒有什麼錢。

80年代香港人如果要實現財富保值，其實最好的辦法並不是一直待在香港。而是在80年代趕緊在深圳破爛不堪的城中村私搭亂建一個私宅。

要實現資產保值，最好的辦法就是敢於突破自己，離開自己熟悉的環境，到年輕人聚集的地方去。這些地方在全世界各個地方都有，比如柏林就比巴黎更有希望。再比如印度的海德堡，就比新德里和孟買可能更有前途。

遺憾的是大部分人並不這樣想。他們很少從投資的角度去思考自己生活在哪裡，特別是到了中年之後，他們會沉浸在自己熟悉的環境裡，有熟悉的朋友和親人的圈子，即使他們心知肚明，知道自己所生活的城市正在一天天的爛掉，他們也不會離開那裡。

如果你擁有其他類的資產，比如黃金或者股票，或者是藝術品，你也需要注意自己資產的轉移。比如英國人擁有中世紀時期的大量藝術品，隨著英國人的經濟規模在世界經濟體量中的下降，會漸漸變得不是那麼值錢。

而一些新興地區的藝術品就會變得越來越值錢，比如越南和印度的藝術品。如果你膽子大一點，可以去購買北朝鮮一些當代藝術家的繪畫或者雕刻，因為北朝鮮現在的狀況不可能永遠持續下去。如果有一天政權變化了，朝鮮統一了，你就可以獲得不菲的投資回報。

會走路的錢

　　當然這樣風險有些高，而且有些投機的意味。最好的辦法還是等機會真正來臨的時候，就是政治上發生一些重大變革之後，你再去投入。其實你只需要比大部隊領先一步，而不是十步。有的時候是新聞出來，趨勢明顯的時候，你再有所動作都可以。

　　對於藝術品，有一個我們大家熟悉的例子。"文革"期間的郵票在改革開放之後曾經被炒到很高的價格。經歷"文革"的人，現在一般在 60 歲到 70 歲左右，他們未來的收入只會下降，不會增長。所以如果你持有"文革"時期的郵票最好現在把它賣出，因為未來的年輕人對那個時代的投資品不會有什麼興趣。

　　黃金也是一個道理。年輕人沒有經歷過戰爭，所以對黃金沒有深刻的印象。只有經歷過國共內戰、越南內戰的人才知道，到了國家一切信用體系崩潰的時候，真正的財富其實只有黃金。目前還沒有任何跡象表明全球的金融信用體系會發生崩潰，所以投資黃金不是一個好主意。我把黃金歸為永不分紅的股票，其實完全就是一個擊鼓傳花的遊戲。而且現在手中持有黃金的都是富有的人，你完全沒有必要和他們這些老人拼體力，所以擁有黃金不是一個保值的好辦法。

　　在投資理財界，總是有一群黃金迷。為此我專門寫了一篇文章說明，為什麼黃金不是通常情況下長期持有的好投資。中老年投資人，千萬不要只盯著自己周圍人在投資什麼？要多看看年輕人準備投資什麼？因為年輕人才是未來的希望。

永不分紅的股票 (2011 年 11 月 28 日)

by Bayfamily

　　今日中國股市重新回到歷史低點。無論是銀行股還是國企壟斷股，PE 只有 5~10 倍之間。市場對股票低值的解釋是，分紅太低。永不分紅的股票，價格再低都不是最低。因為企業的利潤和我沒什麼關係，我更關心每年我能拿回多少。如果按照 Price/Dividend，股票價格還在天上。

跑到太平洋的這邊，蘋果公司股票如日中天，蘋果公司有將近 1000 億的美元現金在手，但是蘋果就是不分紅。按照中國人的邏輯，不分紅的公司利潤再高和我有什麼關係？現金再多和我有什麼關係？到底誰對，誰錯呢？

按照經典的資產估價理論。資產價格等於未來企業紅利折算到今天的價格，簡單點，就是紅利除以當前利率。當然公司的價格難以估量，是因為分子和分母的不確定性。因為紅利不定，利率也不定。很多年前上金融學課的時候，號稱全系最聰明的一個教授自我介紹，說他從金融界進入學校的動力是研究到底如何對公司進行估值，因為實在太難了。能破解此問題的，一定會是諾貝爾獎獲得者。

你可能會說，公司有固定資產，如果不分紅，最後股東把固定資產一拍賣，公司價格也不是零。且不說天下有沒有過這樣的實踐，把正在盈利的公司肢解賣了。如果是一個沒有固定資產的公司，比如租房子的軟體公司，明天號稱自己永遠不分紅，那麼是不是無論業績如何，其股票價值都是零？

似乎傻瓜都知道這樣的公司不投也罷。因為其價格只取決於下一個傻瓜願意出多少錢接盤。永遠是個博傻的遊戲。

可是現實的結果是，這樣的公司價值不是零。過去不是零，將來也不會是零。這是抓破腦袋也想不明白的道理。因為這樣的公司遠在天邊，近在眼前。就是人人都熟悉的黃金。

你買一噸黃金放在家裡，永遠不會有人給你一分錢的紅利。黃金的內在價值 intrinsic value 幾乎是零。這裡說幾乎，因為還有點首飾的裝飾價值。黃金和藝術品一樣，因為沒有紅利，沒有估價依據。每一個黃金的持有者預測下一個投資人會以更高的價格買入，而下一個人又是期待下一個更高價格買入。其市場價格完全是博傻的過程，所以 1 萬美元一盎司也合理，1 美元一盎司也合理。

要是想不明白黃金的話，想想郵票就明白了。郵票的 intrinsic value 只是一張紙，擦屁股都嫌小。一個不能產生紅利的資產，其內在價值是零。博傻的遊戲可以持續多久，永遠沒有人能知道。鬱金香持續了幾十年，郵票持續了上百年，黃金持續了至少 5000 年，最近又是波瀾四起。

會走路的錢

明白了這個道理，就再也不必想黃金或藝術品，它們的"合理"價格應該是多少了。博傻遊戲裡面，沒有合理，只有"更"合理。如果你是個價值取向的投資人，無論是買房子，還是買公司，真正關心是紅利。因為在博傻遊戲中，人心的貪婪和恐懼，永遠是未知數。有一天真的有人能發明博傻遊戲中的數學模型，估計的確是能拿諾貝爾獎了。

如果不投資黃金這些老年人才喜歡的東西，那麼是否應該像孫正義那樣永遠走在時代的最前列，去追逐最前沿的股票？我覺得對於普通人而言，顯然不是一個好主意，因為風險太高。

對於普通人而言，生活中最大的財富其實就是自己的住房。除了自己的住房，還有就是在自己生活的城市購買一些投資房。最好的辦法就是遷徙到最有潛力的城市去，搬到最有潛力的社區去。

這些是最簡單的投資方法。我知道一位東南亞華裔美國人，他用簡單得不能再簡單的投資方法，把自己住的街區上的房子一棟一棟買下來。平時省吃儉用，等到有人賣房子的時候，他就買入。幾十年後，等他買下三個房子之後，他就安安靜靜地退休了。

購買股票你很難得到內線消息，很多時候你只能從報刊雜誌上去猜測公司的運營情況。其實公司的運營情況受太多因素的影響，外界人很難瞭解。而房子是你看得見摸得著的，如果你生活在這個社區裡，應該說你比地球上任何一個財務經理都更加瞭解這個社區的房子。你不但瞭解這些房子的價格和租金，你還知道這些房子建造的一些缺陷。甚至你瞭解每一個競爭對手，因為你瞭解左鄰右居都是什麼樣的人。有這麼多豐富的知識不利用，實在太可惜了。

可是還是有人會說我不喜歡房子，我也不想管理房子。是投資房子還是投資股票，也是投資理財論壇上一個永恆爭論的話題。其實兩者殊途同歸。在我看來，首先你需要瞭解自己是一個什麼樣的人。然後根據自己的特點，來決定買股票還是房子。我把這兩個投資思路分別總結為"勤快人投資法"和"懶人投資法"。

第七章 懶人理財法

01 執行力

你不是算法機器，而是有血有肉活生生的人。很多人在做投資決策的時候忽略了這點。例如，當比較兩個或多個投資決策的時候，人們最喜歡做的就是拿出 Excel 表計算投入的金額以及未來可能出現的回報。用內部回報率(IRR)、淨現值(NPV)這樣一些指標來評價一個投資的好壞。複雜一點的 Excel 表還可以做未來不確定性的分析，給出投資可能實現的回報收益範圍。

然而這些表格的計算往往是無效的。一方面是因為市場有太多的不確定性，難以全部統計在表格中。另外一方面就是這些表格都忽略了人的作用，投資執行者的因素。同樣一個投資產品，不同的人去執行，情況是不一樣的。我把這一個現象歸結為執行力。執行力用中國的一句老話就是知易行難。你明明知道這是一個好的投資產品，但是你就是沒有辦法做到。

我從自己投資北京房地產的例子深刻地明白了這點道理。我前前後後決定買北京的房子有四次之多。最接近成交的一次，連合同都簽好了，只差我把定金打過去。但是就是因為各種陰差陽錯的原因，我沒有買下來。

而在上海我的執行力稍微好一點，主要原因是親戚朋友給了我更多的幫助。在購買房地產上需要執行力，說白了就是自己是否勤勞。一個勤勞的人，在房地產交易上總體來說執行力會好一些。

而在股票市場上則不然。在股票證券市場上市場效率是很高的，一個消息出來價格立刻反映在股票價格的變動上。這個時候執行力就不是比你有多勤快，因為你再勤快也比不過電腦的速度。

會走路的錢

股票市場的執行力就是你能不能按照一個事先想好的，而且是有效的策略，堅定不移地執行下去。當市場發生價格下跌的時候，人們出於恐懼總是不敢買入。當價格上升的時候也出於貪婪，總是喜歡追漲。電腦其實是股票市場上執行力最好的機器。一個固定策略放進去，如果不加人為干涉的話，交易就不會被改變。

在我十幾年的投資經歷中深刻領悟到了執行力的重要性。所以我把投資方法歸結為兩類，一類為懶人投資法，一類為勤快人投資法。

古人雲知己知彼百戰不殆。投資本質上是一個和他人博弈的過程。如果你對自己不瞭解，怎麼能夠在博弈中獲得勝出呢？

人們經常犯的錯誤之一就是，明明自己是個懶人，但是投資選擇去做一個勤快人該做的事。或者明明自己是個勤快人，但是去做了懶人要做的事情。一個人的性格和行動能力，是沒有辦法在 Excel 表格上找到合適的地方表達出來的。

我們先說一說懶人的投資策略。在股票市場中唯一的，在過去幾十年甚至上百年的歷史中能夠長期保持不敗的投資方式，就是用定投的方式買入股票指數。這是一個簡單得不能再簡單的策略。你不需要去預測明天股票是漲還是跌，只需要把自己的每個月存款拿出來買入股票指數就好了。

為此我專門寫了一篇文章，叫"懶人十六年投資妙法"。根據這個投資法，十六年之後你可以永遠有錢花，不但你有錢花，而且你的子子孫孫永遠都有錢花。

懶人理財妙法 (2007 年 6 月 13 日)

by Bayfamily

投資理財實在累。往大了說，要通曉全球政治、宏觀經濟、利率變化、匯率調整、通貨膨脹。往小了說，要精通當地經濟產業變化、人口流動、好壞學區。往橫裡說，要領悟股票行情、期貨石油、貸款種類。往上了說，要瞭解稅收政策、教育基金、和形形色色的養老金。往後了說，要明白風險管理，預期回報。

十八般武藝，樣樣要精通。多年辛苦不算，一個不小心，一步走錯，誤判市場行情，就會竹籃子打水一場空。更有甚者，有時會不明不白讓錢悄悄溜走了，或是白白地交給了山姆大叔。太累！太累！學著累，看著累，幹著更累。

我這裡授你一套懶人理財法。簡單易學，什麼人都能做到，包學包會、全部免費。讓你年紀輕輕，逍遙自在。一輩子，不愁吃、不愁穿。還能蔭及子孫後代，讓他們也有這樣的好日子。好了，廢話少說。現在就教。我的懶人理財法，和程咬金的三板斧一樣，就三招。一分鐘保證你學會。

第一步，找一份工作。每月把 1/3 收入存下來。去 E-Trade 開一個交易帳號 (brokerage account)，把這 1/3 的收入買 SPY (S&P index)。

第二步，連續這樣 16 年。

第三步，停止工作。每月從這個帳號裡，取出和每月工資一樣多的錢。重複 16 年前的遊戲。直到永遠，子子孫孫，永不停息。

簡單吧！是個人都會做。你要是相信我 Bayfamily 就此打住，不用再看了，趕緊去做，再看也是浪費時間。你要是對我還心有疑惑，那就接著看看是怎麼回事。我的計算假設是你的工資每年漲 4%。S&P 的每年回報是 12%。詳細的計算見附件。積累 16 年以後，你每年總資產的增值將超過你的工資收入。每年你就可以把增值部分當工資發給你自己，重複上面的遊戲。直到永遠。

我這裡沒有扭曲任何假設，S&P 的長期回報就是 12%。美國每年工資增長也就是 4%。你要是 20 歲用我的妙法，36 歲你就可以告別早九晚五的日子。自由自在，想幹什麼幹什麼。如果你不幸讀了 PhD，30 歲才工作，沒關係，你 46 歲就自在了，還有大把的好日子可以過。不但如此，當你去世了，你的孩子還可以將這個 game 玩下去。

用我的懶人妙法，你再也不用擔心那些亂七八糟的理財的東西。通貨膨脹？沒問題，股票是對消通貨膨脹的最好辦法。要是有通貨膨脹，S&P 只會漲得更快。

會走路的錢

税法？沒關係。你壓根不用明白税法。什麼 401K、 IRA、 Roth IRA、Roth 401K、 529、 Pension。什麼避税、延税、增值繳税、本金補税。國會、總統都是一幫混蛋！不把我們老百姓搞量，他們不高興。統統 forget about it (忘記它)! 你就開個普通的帳號。想什麼時候用，就什麼時候用， 不然一會兒 60 歲能用，一會兒 70 歲必須用，一會兒可以繼承，一會兒只能用作教育。都是王八蛋的規矩！統統 forget about it! 不要貪小便宜。你就按收入繳税，一點也不會影響你的生活。

錢會走路？沒關係。錢愛往那兒走，往那走。你不要跟別人比，只跟自己的過去比。你每年的收入比上一年多 4%，直到永遠。你生活在富裕的美國，你有什麼可擔心的。FED 漲利息？Who cares（管他呢）！你又不投資地產。股票是長線投資。愛誰誰！

Option、期貨、匯率、個股，什麼黑石、白石、大理石，什麼微軟、微硬、狗狗、貓貓的。統統 forget about it（忘記它）！

存不下來 1/3 的錢怎麼辦？絕大多數中國人，都是可以存不下來 1/3 的收入的。存不下來，是因為 401K 買的太多。你要是不存 401K，不在灣區買房子。存 1/3 應該沒問題。不幸住在灣區，你可以租房子嗎。租個好學區的房子，又不貴，又自住。幹嗎把自己弄得像個奴隸。實在喜歡自己的房子？ 沒關係，去德州吧。或者， 16 年後再買吧。

S&P 漲跌起伏，怎麼辦？沒關係。16 年的跨度來看 SPY 的回報還是很穩的。未來退休了，因為你有很大的 funds you can dip into（資產可以用）. 你每年的現金流可以很穩定。

看看罐子裡個各位，都是人到中年了，還為了財富，疲於奔命，疲憊不堪。早用我的妙計，何至今天？就拿表版主來說吧，這麼好的領導才能，胸襟開闊。不去競選社區領導，當個什麼州議員之類的官。整天跟我們混，忙著當房子的媒人，多屈才啊。

M 兄吧，有錢不去度假，偏要花錢買個房子讓別人度假。腦子糊塗了？！英文這麼好，看著像林語堂投胎轉世。放著文學大師不當，偏要當地主。早16 年前用了我的懶人妙計，現在不是一身輕鬆？谷米吧， 博士生孩子，多不容易。不把心思放在孩子身上，偏要去 Texas 當遠程地主。太辛苦。用了我的妙計，不是一勞永逸？

葦 MM 和喜 MM，天天擔心錢會走路， 忙著在北京和特區當地主。早用我的妙計，在家相夫教子。多好。石頭前輩吧。八位數了， 對社會奉獻的夠多了。還要在搭上十年弄個九位數。當代活雷鋒啊！ 燃燒自己，照亮別人。那個紫 MM，詩寫得這麼好，理想主義和現實主義完美結合。放著李白杜甫的偉業不幹，天天想著怎麼發財。浪費社會資源啊。

圖：投資回報計算表。假設第一年收入為 10 萬。第 16 年，增值額 =159.7x12%=19.2，大於 18.0。單位：萬美元。

投資年份	年收入	年投資存入	預期年收益	預期資金總額
1	10	3	12%	3
2	10.4	3.1	12%	6.5
3	10.8	3.2	12%	10.5
4	11.2	3.4	12%	15.1
5	11.7	3.5	12%	20.5
6	12.2	3.6	12%	26.6
7	12.7	3.8	12%	33.6
8	13.2	3.9	12%	41.5
9	13.7	4.1	12%	50.6
10	14.2	4.3	12%	61
11	14.8	4.4	12%	72.7
12	15.4	4.6	12%	86.1
13	16	4.8	12%	101.2
14	16.7	5	12%	118.3
15	17.3	5.2	12%	137.7
16	18	5.4	12%	159.7

還有那個湖兄， 愛旅遊，我知道，整天飛來飛去。現在定是當代徐霞客啊。用了我的妙計，用得著當地主麼？那個農民， 用了我的妙計，真當農民，多好。用得著爭論 San Raman 到矽谷 Traffic(交通)好不好嗎？ 直接往東奔

Central Valley 當農民去了。哪有 Traffic？那個寶玉，年紀輕輕，用懶人妙法還來得及。當地主，不輕鬆啊。

最後是我自己。誤入歧途，把寶貴的時間浪費在"屁愛吃地"(PhD)上了。早 16 年用此妙計，現在不是輕輕鬆鬆，不用工作也可以開始我的一千萬計畫了。人生短暫，回頭是岸。望諸位幡然醒悟，用我妙計，渡你到自由王國。

因為這篇博客文章開拓了大家的思路，回復意見比較多。於是我又寫了一個續篇。

懶人理財法 -補充 (2007 年 6 月 16 日)

By Bayfamily

寫了個懶人投資法，來了一大堆磚頭、拳頭、斧頭、沙發、板凳。看來世上沒懶人，個個都是精打細算的勤快人。要勸人懶不容易啊，我這懶人妙法的作者想偷懶都不成，還得寫個補充說明。

有人說，這懶人實在難當，要有極高的心理素質。要泰山崩於前，不變色。股市跌了 50%，也敢接著買。各位評評理，我寫的是懶人投資法，可沒說是笨人投資法。要投資，就得有一定的心理素質，不然就乾脆存 CD 得了。泰山崩於前不變色也沒那麼難，多經歷幾次泡沫就行了。美女倒于前而不變色，那才是真功夫，要東方不敗才行。

還有啊，別忘了，我寫的是懶人投資法。要是真正的懶人，連每月的報表都不用看，最好股市的行情毫不關心才好。有這個懶勁，就不需要心理素質了。把存入和買賣設置成自動的，16 年後，每月只管取錢。客觀地講，買 Index（指數）不需要太強的心理素質，2000 年泡沫崩潰的時候，也沒見誰把退休金裡的 index fund (指數基金)賣了。

寶玉批評我說，你的計算太馬虎，沒有考慮到回報的波動性。這個我承認。我常做大頭夢，夢裡什麼都是馬馬虎虎的。長期 S&P 的平均回報的確是 12%，但好的時候會有 50%，差的時候也會跌 30%。提醒一點，12%是包含

dividend （紅利）的。SPY 的 Dividend 每年是 1.7%， SPY 的年漲幅為 10.3% 的樣子。就像研究房產不能忽略房租一樣，算回報的時候，別忘了紅利。

較真地講，光看年漲幅是不夠的， 你是每月買，所以要用每個月的資料。你要是再認真的話，可以用每天的資料，因為你得在發工資的那天買。無論你怎樣算，平均下來， 都是大約 16 年的樣子。當然，碰上壞的年頭，象 2000 年的崩盤，也許要 18 年。反過來想想，要是好的年頭，不就只要 14 年了？

阿毛講得好，我的懶人法是大的原則和方向，細節上你自己掌握。如果不放心，你可再多工作一二年，加一點保險係數。阿毛就很保險，打算幹上 25 年，肯定進保險箱了。

還有人講，SPY 不如其他的 Index funds。的確，其他 low cost index fund 也許會有一點點優勢。比如很多幾個大共同基金下的 index fund. 但有的時候，如果是非退休帳號，這些 funds 的 trading fee 會高一些。開戶也麻煩。懶人嘛，E-trade 最省事，小錢就讓給別人吧。世上錢很多，不用想著每分錢都嘩啦到自己口袋裡。

401K 是個敏感的話題。說不得，一說就跳，跟老虎屁股呀、高壓線一樣，碰不得。你想想啊，大家都在人到中年，401K 辛辛苦苦存了十來年，日盼夜想地看著它長大，眼珠子都瞪圓了。誰願意承認自己搞錯了呢？

你要是已經人到中年了，奔 40 的人，或是 40 已過，想當個懶人， 存 401K 吧， 別指望五十以前退休了。401K 非常適合你。可也別存太多，冷靜下來，仔細想想，這裡的大多數人 20 年後會比現在更有錢，稅率可能比現在還要高。普通帳號裡的股票只交 15%的稅。401K 的可是要你交 marginal tax rate(邊際稅率) 25%或更高。

如果你還年輕，25 不到，又想早退休。除了 company match （公司匹配）的部分，忘了 401K 吧。當然，如果你熱愛你的工作，壓根不想早退休，還是存 401K 吧。401K 適合 90%的人，但不是每個人。有自我約束能力、想早退休的年輕人，可以考慮其他的途徑。

會走路的錢

還有人講，存 1/3 的收入太難，做不到。這點我不同意，不買大房子，不存 401K，1/3 沒有那麼難。特別對於 20 歲，沒有家庭負擔的年輕人。如果你實在想享受人生，及時行樂。你可以存 20%的收入。那樣的話，你需要 20 年的時間。

最後一點補充，就是你收入的增長。如果你是個天分不錯，有野心的人，你的收入增長多半會比 4%要高。如果你預期的收入增長超過 12%。建議你什麼也不用存，趕緊消費吧。任何積蓄對你而言都是讓生活更悲慘。最好，借點錢來消費，花它個昏天黑地。別忘了，消費也是對社會做貢獻，用不著有內疚感。

我寫這篇文章到現在已經 13 年過去了，還有 3 年就可以實現財務自由。如果讀者有興趣的話，可以用過去這 13 年的收益，看看是不是像懶人投資法預測的那樣。鑒於是懶人投資法，讀者應該是懶得抬筆。所以我自己在這裡算一下，呈現結果給大家看。下面是我用過去 13 年美國 S&P 股票指數價格實際計算出來的收益。看一看和我當初預測的差多少，結果讓我都嚇了一跳，因為太接近了。原來預測的是第 13 年你應該擁有 101.2 萬美元，實際執行下來的結果也是 100.9 萬。兩者的差距不到 1%。恐怕你讓你毛估一下你銀行裡有多少錢，都達不到這個精度。

大家習慣上總是在研讀歷史的時候，把一切當故事看。但是事實上歷史形成的趨勢是很難改變的。特別是那些一再被驗證的歷史。就像太陽明天會升起一樣。我預測的投資結果和事實上的投資結果驚人的接近。

我的這篇懶人投資法大約有一萬人的閱讀量。然而有多少人看了這篇文章，去實施懶人投資法呢？我個人感覺是零，一個都沒有。大家只是當著消遣看看熱鬧了，非常可惜。當然懶人投資法有它稅務上的缺陷，更好的投資法是"不是那麼懶的懶人投資法"。就是在這個基礎上稅務方面再優化一點，這裡就不展開寫了。

下面的這個計算的列表，左側是原定計劃，右側是實際情況。

（萬美元）

投資年份	年收入	年投資存入	預期年收益	預期資金總額	實際年份	實際年收益	實際資金總額
1	10	3	12%	3	2007	5%	3.2
2	10.4	3.1	12%	6.5	2008	-37%	5.1
3	10.8	3.2	12%	10.5	2009	26%	9.6
4	11.2	3.4	12%	15.1	2010	15%	14.5
5	11.7	3.5	12%	20.5	2011	2%	18.3
6	12.2	3.6	12%	26.6	2012	16%	24.8
7	12.7	3.8	12%	33.6	2013	32%	36.7
8	13.2	3.9	12%	41.5	2014	14%	45.6
9	13.7	4.1	12%	50.6	2015	1%	50.3
10	14.2	4.3	12%	61	2016	12%	60.6
11	14.8	4.4	12%	72.7	2017	22%	78.3
12	15.4	4.6	12%	86.1	2018	-4%	79.4
13	16	4.8	12%	**101.2**	2019	21%	**100.9**
14	16.7	5	12%	118.3			
15	17.3	5.2	12%	137.7			
16	18	5.4	12%	159.7			

我們再看看投資理財領域的另一個怪現象，就是大家都知道巴菲特是一個無人能敵的投資者，他是一個常年打敗 S&P 股票指數的人。既然巴菲特是股神，為什麼還會有那麼多的人選擇自己炒股而不購入巴菲特的股票呢？難道你真的覺得自己比巴菲特還要牛麼？

為此我寫了一篇文章，叫作"股神、401K，肥肉與涼水"。

股神、401K，肥肉與涼水 (2008 年 3 月 14 日)

By Bayfamily

Warren Buffett（巴菲特）到底是不是股神? 巴菲特的成就是歎為觀止的，在過去幾十年裡的投資回報是 22%，遠遠高於 S&P。如果你在 1965 年買了一萬元的 S&P，那麼現在是 50 萬，如果你買了巴菲特同志旗下的 Berkshire Hath-away 的一萬股票，現在是總市值為 3000 萬。

但是巴菲特同志到底是不是股神呢？發財有兩種，一種是蒙的，一種是因為他們的確有過人的地方。可惜世上沒有哪個勝利者承認他們是蒙的，勝利者總是能編出一套套偉大的理論來唬人。等你一實踐就發現完全不是那麼回事。光聽他們說是不行的，要拿出資料來好好分析一下才可以。

當年我在拉斯維加斯的時候，曾經在輪盤賭桌前，連續看到莊家一口氣開出 11 個紅。試想一下，如果當時有人把一個籌碼留在紅框裡，內急上廁所，十幾分鐘後回來，立刻就有千倍的回報。如果這個人，能吹能寫，就也能編出一套偉大的理論，比如輪盤賭與瀉藥，或者什麼輪盤賭三原則來蒙人。

要當賭神嗎？Easy! 請記住下麵三個原則：第一要吃肥肉；第二壓下籌碼立刻喝涼水；第三，不要忘了以上兩點。新一代賭神就誕生了。世上沒有賭神，特別是在人對機器的時候，除非他出老千。市場有效的話，也不會有任何股神，可號稱股神的人此起彼伏。

好了，現在咱們算算巴菲特靠運氣的概率是多少，出老千的概率是多少。

S&P 的回報是 12%，年回報率的標準方差是 15%。假設正態分佈和相同的 risk，根據偉大的高斯同志發明的公式，巴菲特完全靠運氣,一年的回報率達到 22%的概率是 25%。蒙中一次的可能性是 25%，40 年連續蒙中的可能性就小的可憐了，大概是 10 的 25 次方分之一。當然巴菲特不是連續的，需要改個辦法算。總之，從統計上來看概率很小，千萬分之一以下。可是這世上有千千萬萬的投資者，大家都是閉著眼睛投資，也會有人能蒙上。沒了這個巴菲特，明天還會有下一個渦輪比肥。好像巴菲特同志沒什麼了不起的。好比我今天出門，不幸頭中鳥糞。雖然是小概率事件，但人世間這麼多人，總是有人能蒙上的。

毛主席說，做一件好事容易，難得是天天做好事。一天頭中鳥糞是命不好，天天如果出門就被擊中，你就得好好研究一下了。到底你家是在候鳥的遷徙路線上，還是屋簷下麵乾脆有個鳥窩。巴菲特同志認為他是屋簷下面有個鳥窩。反對意見的人說，如果價值投資如他所說的那樣的話，豈不是人人效仿，個個都發了，憑什麼就你有鳥窩。巴菲特同志說，我的妙法雖然簡單，可惜很難模仿，因為你手上必須要大量的 cash，沒有幾個 billion 美刀在手，value 來了也輪不到你。

這話聽著很耳熟，從小老師就說"機會是留給有準備的人的"。反對者再問，那你年輕時起步的時候，沒有幾個 billions，是怎麼玩的？巴菲特答"因為我會研究，能發現 intrinsic undervalued stock，至少要25%的 discount。全世界就你眼光好的話，我從來都不相信。這點上來看，我傾向巴菲特雖有過人之處，但早年運氣好成分很大，盤面大了以後，可能的確摸索出一套別人難以模仿的辦法。

我說了不算，小人物一個，要看市場是怎樣判斷他到底是不是有鳥窩在門口，到底會不會將來連續冀中前額。如果 S&P 的市場預期回報是 12%，在相同的 risk 情況下，如果市場對巴菲特的 Berkshire Hathaway 期待回報是22%，那麼現在就會有明顯的溢價。據研究，當前的 Berkshire Hathaway 因巴菲特的市場溢價為30%左右。30%和22%的預期回報是嚴重不成比例的，假設22%的預期回報可以持續 20 年的話，現在的溢價應該是數倍，遠遠高於30%。可見市場並不相信所謂的 value investment 的鬼話。或者市場預期他老人家明天就要斷氣，而且他的徒子徒孫們根本撿不起來他的 Value investment.

你可能會說，不對啊，市場不是有效的。我的401K 可以買 S&P Index 和一大堆垃圾 mutral fund，但是不能買巴菲特的 Berkshire Hathaway，連他的 B-share 都不行。401K 裡面的選擇很少，不像稅後的帳號那樣自由。

你看看，這就是你不對了，明明有 22%回報的基金你不買，為了稅上面幾個小錢，偏偏要去買 12%的 index。我來幫你算算帳，假設你的邊際稅率是30%（州+聯邦），如果你買了 10K 的 SPY 在 401K，三十年後交 30%稅後是209K。如果你現在交了 3K 的稅，買了 7K 巴菲特的 B-share，三十年後，再交15%的 capital gain tax，你的回報是 2,319K。兩者相差十倍，熟好熟劣，一目了然。現實中，大多數人選擇了 401K，而不是巴菲特。我只能得出一個結論，大多數人，不相信巴菲特是股神，當大家拿錢說話的時候，覺得他那套理論和吃肥肉喝涼水的賭神沒什麼區別。

可我不這樣認為，拿錢說話的時候，我相信他是股神，未來沒有 22%，也得有個 16%，或者比 S&P 高上幾個百分點。所以我已經不買 401K 了。

此文當然是娛樂性為主。主要還是想說在股票市場上自己要謙虛。逢低買進，逢高賣出，看起來很容易，實踐起來比登天還難。

但是為什麼股票市場上總是有無窮無盡的投資者在做短線交易呢？在我看來就是這些人太勤快了。勤快的背後原因可能是他們喜歡買進賣出的過程。在各種預期和刺激下享受快感。在股市裡反復短線炒股的人和拉斯維加斯賭場的人並沒有什麼區別。他們並不是為了掙更多的錢，而只是在滿足賭博一樣的心理快感。

而那些中產階級們呢，既然你們都知道巴菲特是股神，為什麼你們不買入巴菲特的股票，而去持有那些莫名其妙的基金呢？

也是因為他們太勤快了。勤快到他們喜歡去比較各個基金過去歷史上的回報。事實上，大部分人又不是那麼勤快，他們不太知道各個基金的歷史回報是用各種手段做了手腳的。美國股市經歷了幾百年的發展，有近百年的資料證明，唯一有效的投資策略就是投資指數的懶人投資法。

02 男人懶還是女人懶

投資領域不需要肌肉。我並不是帶著性別歧視的原因。但是不得不說，男性總體適合投資房地產，女性適合投資股票。因為房地產投資牽涉到了很多動手的事情。比如房間需要做一些敲敲打打的修繕工作。下水道也許會壞了，屋頂也許會漏水，這些體力勞動相對來說男性更適合一些。

一方面是男性可以做這些事情，減少費用。另外一方面是當男性去和工程隊討價還價的時候，工人不太敢蒙男性。因為人們本能地覺得男性可能瞭解術語和工藝工程。就像修汽車一樣，女性去修汽車被宰一刀的概率要遠遠高於男性。

　　而股票投資上不需要出賣體力。你只需要冷靜的思維。在冷靜的思維上，乍一看似乎男性比女性有優勢。因為我們常說男性是理性動物，女性是感性動物。其實不是這樣。男性往往盲目自大，剛愎自用，聽不見別人的意見和勸告。一個男性是很難聽從另外一個男性的勸告，這可能是寫在我們基因裡面的。

　　為此我專門寫了一篇博客，就是炒股應該是聽男人的還是聽女人的？因為有學者把臺灣過去幾十年的證券交易全部歷史調了出來，來觀察男性和女性投資者誰的投資回報更高一些。

投資理財，聽男的還是聽女的？(2007 年 8 月 23 日)

by Bayfamily

　　貧賤夫妻百事哀。很多人都是在結婚以後才意識到投資理財的重要性。夫妻共同經營財富固然好，三個臭皮匠頂個諸葛亮。可惜，在一個家庭裡，常見男女一方各持己見，為一些投資問題爭得不可開交。到底投資理財是聽男的呢？還是聽女的？

　　男方多半是一家之主，喜歡控制，但愛面子，好大喜功。女方多半掌握財權，比較顧家，但有時缺乏戰略眼光，太注重細節和心情的感受。每家都有本難念的經。我不想告訴大家明天誰該來管錢。拿資料說話，最近看了個很有趣的研究。其中的結果或許對你有所啟發。先看股市投資吧。

　　請看下圖，大家知道，在股市上來回買賣越多，就輸得越多。比如前幾天，股市下滑到 12900 點，不少人彈冠相慶，慶倖自己在跌盤來之前全部變現了。可一轉眼，股市就上升到 13200。現在一下子變成一腳踩空了。短期的股市起伏是無法預料的。頻繁的買賣是註定要輸的，除非你是天才。輸多少呢？平均來看，一個月買賣五次比買賣一次每年要虧 10%左右。

　　好了，有了這個資料，我們再看看男女在股市投資的區別。男性由於自信，剛愎自用，自以為是，在 trading（交易）的時候，turnover rate（換手率）要比女性要高得多。單身男性比單身女性要高 30%個百分點。不但如此，結婚的女性，由於受丈夫不良的影響，turn over rate 要比單身女性來的高。結婚的男性比單身的男性，turnover 要低，大概受到了太太的正確影響了。

好了，再看看業績吧。首先，炒股票的人回報比市場的長期平均回報要差。男的要比女的差。單身男的最差。單身女的最好。炒股實在不是男同志擅長的東西。可為什麼男同志一個個奮不顧身呢？主要有以下幾個原因：

控制欲。男性喜歡控制。不喜歡 Passive investment。不喜歡由別人掌握命運。

過分自信。男性比女性更容易覺得自己了不起（包括我）。更容易相信自己，相信自己知道的比實際知道的要多。

情緒化。男性比女性更容易衝動。無論是買進還是賣出。當然，這也是情有可原，不會衝動的男性，沒有後代，早被大自然淘汰了。

好了，總結一下。投資理財，到底是聽男的，還是聽女的？要看投資什麼。投資股票，需要懶人、被動的人、有自知之明的人，女性比較合適。投資房地產，需要勤快人、不辭勞苦的人、會控制別人的人、會修修補補的人、和租戶打官司的人，男性比較合適。

現實情況如何？大千股壇，男性居多。我愛我家，女人為主。可憐，可惜，可歎。

在股票市場上，總體來說女性的投資回報更高一些。就像在賭場裡男性的賭客比女性要多一些一樣。女性的賭徒心理會比男性總體上稍微輕一些。而賭徒往往是盲目自信的，這些都是投資證券市場上需要特別忌諱的。

非常遺憾，如果你觀察事實上市場上的情況，你就會發現炒股人群大部分是男性，而女性更加熱衷於買賣房屋。至少中國人是這樣，很多女性有築巢的心理，房子給女性帶來安全感。而股票買進賣出，像打麻將一樣給男性帶來的是心理刺激。在股票市場上，你交易次數越多，越勤快就會輸的越多。還是回到本章一開始的那句話，投資首先你需要瞭解自己。知道自己是個什麼樣的人。懶人有懶人的投資辦法。勤快人有勤快人的投資辦法。

第八章 勤快人理財法

01 淘糞工

在投資理財的論壇上，有兩個永遠爭議的話題。除了前面討論過的投資房子好還是投資股票好，另外一個就是生活在德州好還是生活在加州好。大部分的意見都是根據自己的人生經驗做出的。生活在加州的人永遠覺得加州好，就像投資房地產賺了錢的人就會鄙視投資股票的人。投資股票的人賺了大錢，就會嘲笑投資房產的是"淘糞工"。淘糞工是投資理財論壇發明的特殊語言。大體就是因為如果房子的馬桶堵了，很多小房東會選擇親力親為給房客通馬桶。後來投資房產的人乾脆自我嘲笑，稱自己為淘糞工。

在各種投資的雜誌上，永遠也是有無數的文章比較股票和房地產的投資，到底哪個更優更劣？這個話題在我看來是用 Excel 算不出來的。因為到底投資哪個，完全取決於你住在哪裡，你是一個怎樣的人，你的投資到哪個階段了？下面就這些問題有必要一次性地說清楚。

總體而言，房地產投資的回報和通貨膨脹基本一致。在美國過去 200 年的歷史上，房地產的投資回報率大概是在 4%左右，而股票的投資市場的平均回報率是在 10%~12%左右。所以猛地一看你會覺得股票的投資更好一些。

然而我想說，如果你是一個勤快人，世界上幾乎沒有什麼投資能夠超過美國的房地產投資了。如果你連這個問題都沒有想明白，那你需要好好補補課。這主要有下面這些原因。

一、政府低息貸款

會走路的錢

股票投資原本是比房地產投資更好一些的，有更高的回報率。可惜投資不單是資產增值的問題，還牽涉到國家的法律稅收以及政府補助。

現實的狀況，房子的投資總體回報會勝過股票，是因為政府給你擔保，可以讓你貸到大額、低息、長期的貸款。這些貸款的利息還可以用來抵稅。這樣可以大幅提高你房地產投資的槓桿。沒有槓桿的房地產投資是比不過股票投資的。如果你保持 5 倍的槓桿，那麼 4%的年增長就會上升為 20%。投資其他任何行業，都不可能拿到這樣的長期低息貸款。政府貸款的利息之低貸款條件之優厚，幾乎跟世行給發展中國家的貸款差不多。這樣的貸款不用白不用。也是因為有這樣的貸款才導致了股票不如普通住宅地產投資。

二、信息對稱

股票投資總體來說，對投資人而言資訊是不對稱的，除非你有某個公司特別的內線消息。當然你搞內線交易是非法的，這點上似乎印證了我們老中隔三岔五總有人東窗事發被抓起來。沒有特別的資訊管道，在投資的博弈過程中，你是博弈不過那些職業投資經理的。

因為在股票市場上，幾乎所有人都比你掌握更多的資訊。你只是一個業餘投資人，公司的 CEO 以及公司的職員獲得的資訊都要比你多得多。因為這個原因，所以投資個股即使賭中了，也只是你的運氣好而已。你沒有把你的風險計算到回報中去。所以投資股票你只能選擇投資股票的總體指數。就好比如果你投資房地產，就必須投資美國整體房地產指數一樣，那將不會是一個很好的回報。

房地產投資商個體散戶投資人擁有大機構職業經理沒有的資訊優勢。同樣一個社區的房子，這個房子和那個房子在統計資料上可能非常接近。比如它們有相同的面積，相同的年代，甚至相同大小的院子。但一個是在山坡之上，一個是在山坡之下。一個可能是在馬路邊有比較大的噪音，一個是在社區的深處安靜又安全。他們的價格就會很不一樣。這些資訊大機構的職業投資人是沒有的。相反倒是生活在該社區的人有著很大的資訊優勢。

職業投資人投資房地產還有一個劣勢就是他們拿不到你能拿到的政府補貼。在貸款這些事情上，你能拿到低息貸款，甚至比大機構能夠拿到的利息更低。而且你的利息可以用來抵個人所得稅，而他們的利息卻只能夠抵消投資的收入。

三、跑道優勢

前面我說過房地產是一個黏度非常高的市場。也就是說是個市場效率偏低的市場，市場的資訊不會立刻 100%充分反映在價格上。一個工廠要遷入了這個地方的房價不會立刻一步漲到位。

即使賣家想把價格一步到位漲到應該的價格都不可能。因為正在售出的房子，買家往往是需要貸款的。貸款評估不允許你把未來的價格一下子計算進來，因為銀行是要根據最近剛剛成交的價格而給出合理的估價。

比如亞馬遜要遷入某個社區，建立一個集團總部。按理說這個地區的房價也許應該漲兩倍。事實是這個社區的房價的確會上漲，但是要通過半年或者一年的時間慢慢漲到兩倍的水準。因為就在資訊公佈之後的第二天購買房子的人，他們購買的房子需要銀行進行估價評估。而估價評估只能根據過去的交易歷史來進行估價。所以這個時候他們最多比歷史的市場價格稍微高一點，也許是 10%，也許是 20%。再高的話銀行貸款部門是不會接受的。

所以在這個有黏度的市場裡，個體投資人比機構投資人更有優勢。股票市場裡有一個叫做"搶跑道"的概念。跑道寬，賣的時候第一個賣掉，買的時候第一個買到。機構投資人在股票市場上有很大的優勢，因為他們的跑道寬。

在房地產市場上一個房子的買入需要很多法律檔的支撐。個體房子的投資者，他們可以繞過這些法律的條條框框。個體投資者在法律框框上比機構投資者更有優勢。各個國家的政府，無論是中國的還是美國的，都希望個人持有自住房的比例能夠高一些，所以總是給出傾向性的鼓勵，特別對於首套自住房購買者。

四、經營風險可控

房子的投資本質上是一個小生意(Small business)，並不是一個被動投資。因為它是一個小生意，所以你擁有靈活經營權。比如你可以把一個房子一分為二。然後把兩個房子分別出租給不同的人。或者你買入一個院子比較大的房子，你可以在後面加蓋一個住房。這樣你可以克服市場充分競爭效率帶來的阻礙。

這裡的"市場充分競爭效率"，我指的是根據微觀經濟學，當市場競爭充分的時候，所有的價格已經反映了市場的所有資訊。所以一個房子的租金收入和未來房價增長的預期就會全面地反映在房子的價格上。

當你把這個房子的投資當成一個生意來經營的時候，你可以主動選擇一些策略來提升你擁有的房地產的價格。上面說的就是這樣的例子。其他的例子還有，比如你能找到比市場價格更低的 Handyman 幫你修房子，你有更好的眼光，能夠挑到比市場平均水準更優質的租客。

五、用他人的錢

房地產的投資還可以給你的融資帶來更大的靈活性。錢的目的就是要生錢，而錢生錢的秘密就在於滾雪球。錢之所以能滾動起來，就是因為你能獲得更多的資金投入。最早期的資金投入可能來自你省下來的每一分錢，但是後來的資金投入最好的辦法就是來自房產抵押的融資。

股票投資沒有這個功能，你沒有辦法把自己的股票押出去，讓銀行給你更多的貸款。即使銀行給你貸款你也不敢要，因為股票的價格波動太大，當資不抵債的時候，銀行會隨時收回你的貸款，或者讓你增加更多的抵押品。如果你沒有辦法增加更多的抵押品，銀行就會強制平倉。

房地產則不然。當房價增值之後，你可以把房子做新的按揭貸款，把房子淨值裡面的現金拿出來，用這個錢去購買新的房子。

舉一個例子，十幾年前當我購買第一個房子的時候，我幾乎用光了兩年所有的存款。可在我購買第 8 個房子的時候，我沒有從口袋裡掏一分錢，都是用銀行的錢。我只是把已經升值的房子直接做了抵押再貸款（refinance），用100%銀行的錢而買入了一個新的房子。

未來幾年後，隨著這個新房子的價格或者租金繼續上漲的話，那我還可以用這個新房子，再加上原來的那個房子，再買入兩個房子。這就是滾雪球的效應，這個效應在股票投資裡並沒有。

當然你可能說，我可以賣掉一個股票，掙了錢，再購買下一個股票啊。你別忘了稅，如果你盈利了，你需要交稅。事實上股市裡比較好的策略也是長期持有。但長期持有很難做到有滾雪球效應。

為了更好地說明這個滾雪球效應，我還發表了一篇博客文章，叫作勤快人投資法。

勤快人理財法 (2007 年 7 月 7 日)

by Bayfamily

上次寫了懶人理財妙法。名字沒起好，錯在"妙"字上。一叫"妙法"，就有了妖法的嫌疑。你看，寶玉、黛玉都是好玉，這個妙玉就心術不正，不怎麼妙了。所以這回叫理財法。因為是針對勤快人的，純粹是個笨辦法，毫無妙處可言。

我的理財法，不適合各位熱愛 401K 的同志。請做如下邏輯分析，來判斷是否需要接著看下去。

a=我不是個高度自律的人；b=我年事已高；c=我熱愛本職工作；d=我打算堅守崗位到 60 歲，最好能再發點餘熱；e=我是個懶人，

如果 a，b，c，d，e，符合任何一條，看了也沒用。就像當年"文革"時上大學，地、富、反、壞、右，一票否決，沒戲了。因為快速積累財富對你毫無意義。下面的程式完全是廢 Code，運算多了，不單加大大腦 CPU 的負擔，還容易造成 memory leakage （記憶體洩漏）。當然了，要是為了扔磚頭鍛煉身體，或是投手榴彈保衛祖國，還可以接著看。

勤快人的法子在理想條件下，是 10 年達到 financial free （財務自由），20 年資產達到年工資的一百倍。聽起來夠嚇人的吧！

愛因斯坦的相對論夠嚇人的。完美的理論來自一個簡單的假設："光速在真空中不變"。我的勤快人笨辦法也只有一個簡單的假設，"每年找到一個 even cash flow（現金流打平）的房子，房價有 8%的年增長。"不要忙著對假設下結論，聽我講完。實在受不了這個假設，可以 Go to End（跳到最後）。

會走路的錢

好了，鑒於你是個勤快人，光在這裡看我的唾沫星子是不行的。拿出你的筆和紙來，或者打開你的 Excel，算算在這個假設下，會發生什麼樣的結果。首先，每年存 30% 的收入。

第一年，用存下來的收入，付 20% 的首付，買第一個房子，出租。

第二年，用存下來的收入，付 20% 的首付，買第二個房子，出租。

第三年，用存下來的收入，付 20% 的首付，買第三個房子，出租。

第四年，把第一個房子的 equity（淨值）借出來，加上新存下來的 30% 的收入，付 20% 的首付，買第四個房子，出租。

第五年，把第二個房子的 equity 借出來，加上新存下來的 30% 的收入，付 20% 的首付，買第五個房子，出租。

第六年，把第三個房子的 equity 借出來，加上新存下來的 30% 的收入，付 20% 的首付，買第六個房子，出租。

第七年，把第一個、第四個房子的 equity 借出，加上新存下來的 30% 的收入，付 20% 的首付，買第七個房子，出租。

第八年，停止。除非你一輩子想做勤快人。要想過上好日子，得明白為什麼要賺錢。當房東很累，要想過上好日子，必須學會從勤快人變成懶人。要是只想 financial freedom（財務自由），第八年，第九年，安心守著房子過日子，第十年開始賣出，因為你的 passive income（被動收入）已經超過你的工資收入了。要是為了一千萬，需要一路滾雪球玩下去。二十年以後，你會有一千萬。

附件是 10 萬年收入的參考答案。總共有三個表，要對著看。表的內容我就不解釋了，勤快人嘛，自己算算，再對著看看、好好想想就明白了。

數字是否精確的意義並不大，懶人理財法是 power of compounding（複利的力量），勤快人理財法是 leverage（杠杆）加上 power of compounding。懶人財富是指數成長，勤快人是爆炸性成長。

好了，下麵再談我的假設。

很多人看見這個假設，馬上會跳起來說你 Bayfamily 是做夢，上哪找這樣的好事。我承認，這樣的好事難找。勤快人嗎，應該通曉全球經濟變化。要拿出湖兄的精神，到處找專案。憑良心說，這樣的好事並不是 mission impossible（不可能的任務）。灣區過去 25 年平均房價漲幅為 7.8%。只要你不是特別倒楣，買的全是大泡泡，達到平均水準就夠了。或者用 dollar average 的辦法，逐年買進。中國過去 10 年裡，年漲幅也超過 8%。勤快人嘛，通曉全球經濟，追蹤熱點地帶，努力找，是可以的。

住在中西部的朋友，實在找不到 8%，也可以按 5%的增幅，中西部也不需要 20%的 down payment （首付）來實現 even cash flow。有更大的 Leverage，財富的增長才是驚人的。看看石頭就知道了。

馬上有人會問，灣區沒有正 cash flow 的項目，這我也承認。現在是沒有了。但過去有，通常是買了房子第三年的樣子可以有 positive cash flow （正現金流）。我的計算為了簡便起見，如同熱力學的卡諾循環，是熱力學第二定律下的極限。沒有正的 cash flow，開始的時候，你需要多貼些現金。會對增長有些影響，但不大。有耐心的人可以自己算算。其實，找不到 cash positive 的也不要緊，只要缺口不是太大，30%的存款裡，拿出 10%來餵鱷魚嘴，20%來投資，財富也能爆炸性增長。

有人說，每月存 30%的收入太難，相當於 50% 的稅後收入。不買 401K，不住大房子，存 30% 不難。實在還想不明白，乾脆自己租房子住算了。房子是用來投資的，不是用來住的。切記，切記！

工作收入可以不高，但一定要穩定。穩定的 10 萬元年收入，比不穩定的 12 萬元年收入要好得多。有了穩定的家庭收入，才可以有大的 leverage （杠杆）。第七年以後，可以不用再往裡面貼現金了。再也不用存 30%的收入。第八年，就可以過上好日子了。

還有就是房子的管理問題。7 個房子，哪裡管的過來？勤快人嗎，多跑跑吧。要想自己不累，找到一個好地方，買同一個社區的房子。別天女散花的買的到處都是。

如果猛地一看，懶人要 16 年退休。勤快人也得十年退休，好像划不來。乾脆當懶人算了。其實不然，勤快人的辦法增長速度很快，懶人是指數成長，勤快人是爆炸性成長。兩者在一開始差別不大，到第四年以後，就大大地不同了。懶人的辦法很難達到一千萬，勤快人一路忙下去的話，十五到二十年左右可以達到一千萬。懶人得一直存錢，勤快人後來完全是用別人的錢。

風險是個問題，這個玩法一點也不新鮮。爆炸性增長嘛，和董存瑞扛炸藥包一樣，風險當然是大大的。一路成功的例子很多，但不少大富豪也玩得傾家蕩產。如果掌握得好的話，風險並沒有想像得可怕。特別是一步一個腳印、逐年買進的話。

最後加一句，鈔票永遠少一張，房子永遠少一間。長年當勤快人對身心健康大大地不利。各位別忘了急流勇退，在適當的時候，由勤快人變懶人，享受人生。

勤快人理財法比懶人理財法效率更高。在理想條件下，差不多 10 年可以實現財務自由。但是該法就是要求投資人勤快一點，需要把投資當成一個事情來做。外部條件就一個，你需要找到一個地方房價能夠每年實現 5-8%左右的升值。這個說難也難，說容易也容易。

這個文章寫過之後的十年裡，我基本上是按照勤快人理財法這個原則來管理自己的投資的。我自己當時能夠喊出"普通人家十年一千萬" 也是基於這樣的計算。在過去的十幾年裡實踐下來，我也基本上實現了這個投資法裡指定的一些目標。

這個投資法有兩點需要注意。一個就是保持杠杆。房地產投資的秘訣就是要保持杠杆，因為有了杠杆，才能夠在總體投資回報率比較低的情況下，實現比較高的現金回報率(cash on cash)。

然而這點是被很多業餘房地產投資者所忽略的。他們購入一個房子，看到房子的價格增長了幾倍，就每天沉浸在歡樂裡。並沒有想著要從這個房子裡的 equity 拿出錢進一步去投資。能夠沉浸在歡樂裡，是他們不再因為錢的事情而擔心。房租收益大大多於房貸和房產稅的支出，有了正現金流，或者正現金流越來越高，他們會把這個正現金流當成額外的收入，拿來支付自己的日常開支。

殊不知"生於憂患，死於安樂"。當自己沉浸在快樂裡的時候，也就是自己的投資收益下降的時候。房價漲了固然是件好事，但是隨著房價的增長，你的杠杆下降，你的投資收益也在一天天的下降。

另外一方面由於現金相對寬鬆，你不再精打細算，不再在意你的房租收益。很多時候你可以看到年紀大一些的房地產投資人，他們會十幾年都懶得給房客漲房租，只要房客老老實實地不給他找麻煩。因為那個房子可能他早已付清，或者收到的房租已經遠遠大於他所需要的房貸支出。

這個現象在今天中國的一線城市裡非常普遍。你經常能夠看到突然一夜暴富起來的中國中產階級，出國的時候和海外華人細數自己家有多少房子，值多少錢。其實他們的資本回報率現在已經下降到很低的水準了。因為長期來看，房價的上升不可能一直是兩位數的高速增長。房價的上升對於一個地區和一個國家，基本和 GDP 的上升是持平的。每天躺在偶然原因堆積起來的功勞簿上，那些偶然暴富起來的人們，在下一個20~30年的輪回裡，又會漸漸歸於平庸。就像當年山西煤礦的那些煤老闆一樣。

不信，下次你再碰到這些國內土大款，問問他們知道今年的資產回報率跑贏了 S&P 指數了嗎？他們中間的大部分人恐怕只知道自己家房子值多少錢，沒人知道今年自己的資本回報率是多少，更不要說他會意識到自己的資本回報率在持續走低。

房地產投資，一定要長期保持杠杆。關於這件事情，2007 年，我也專門寫了一篇博客文章。

投資地產往往不如股票(2007 年 10 月 11 日)

by Bayfamily

猛地一看題目，大家可能在想 Bayfamily 又在忽悠大家了，一會說房產好，一會又反過來說地產不如股票，拿大家開心。非也，非也。

我不過是大實話，對於大多數人來講，長線來看，地產不如股票。原因很簡單，絕大多數人沒自己想像的那麼勤快。講講幾個典型的地產投資的例子。

會走路的錢

案例一：我剛搬到我現在的這個社區的時候。一個很好的老太太，對我語重心長地說，"買房子投資，不合算"。我當時覺得驚訝，她房子買的時候是 30 萬，現在賣掉是 80 萬，為什麼她會說這樣的話。

案例二：文學城名人，A-Mao 阿毛的丈母娘。丈母娘在上海有多處房產。阿毛建議她把房子賣了。因為根據聰明的阿毛計算，回報並不理想。丈母娘不同意。這是瘋狂的上海，難道是聰明的阿毛錯了？

案例三：helloagain 老兄，轉帖大千股市牛人帖<<股票與房地產投資回報比較>>。以三藩市為例，用 90 萬貸款來購買房子，三十年後是 720 萬元。用同樣的利息，30 年每年 4 萬 6000 元的投入被放在股市中，30 年下來的結果將是 827 萬元。股票比房產好。

案例四，自己的例子。我去年在上海買的房子，30%的首付，今年價格漲了 80%。一報是 240%。四年前買的房子，同樣是 30%的首付，價格漲了300%，四年的回報是 900%。投資股票是不可能在同樣的風險情況下，取得這樣的回報的。

這四個案例都是聰明人做的。計算沒有錯誤。為什麼會有不同的結論？我為什麼說對很多人來講，地產不如股票呢？

明白 Corporate finance（企業財務）的人，知道有個概念叫 target D/E ratio（目標債務淨值比）。什麼是 target D/E ratio 呢？D 就是 Debt，債務。E 就是 Equity，業主的權益，通俗地講就是股票市場總值，E 是每天隨市場變的。大多數公司都會保持一個 D/E 的目標。就是 Target（目標）。即使是不缺錢，也都借錢來滿足 D/E 的比例不變。

拿 Microsoft 來講，根本不缺現金，可它還是會舉債。有的公司為了滿足D/E 的比例固定，借了錢沒地方花，乾脆舉債給股東來發放紅利。公司股票上漲，CFO 第一件事就是趕緊舉債，這在我們看來都是不可思議的事情。不缺錢，為什麼要借錢呢？但為什麼公司會這麼做呢？難道是 CFO 的智商低，發瘋了？

除了稅上面的考慮外，公司滿足固定的 D/E ratio 是為了保持固定的 leverage。大家知道，贏利等於 Profit Margin（利潤邊際）乘以 Leverage。只有固定的 leverage，才會有穩定的贏利。

投資地產和開公司一樣。公司的事情太複雜。說說房產大家就明白其中的道理了。

首先第一點，地產的長期回報不如股票。美國長期的地產漲幅是 4-5%的樣子。股票是 12%。如果是全部現金買房子，股票當然要比地產的回報要好。房產之所以勝過股票是因為 leverage。房價每年漲 4-5%，如果保持 3 倍的 leverage，那回報就是 12-15%。

問題是很多人不知道，也沒意識到要長期地、持續地保持 leverage,要有 target D/E ratio。這就是為什麼，很多人在投資地產的頭幾年，會有很大贏利。但長期回報不好，因為他們沒有保持固定的 D/E ratio。房價漲了，E 大了，沒有 refinance (再抵押貸款)，Leverage 就會消失。房產的回報就會下降，不如股票。

回到前面的案例：

案例一：老太太，說的沒錯。15 年前，投資 30 萬在股市，今天不止 80 萬，回報會更好。她的問題是住了三年，就把房子全付清了。沒了 leverage. 當然不如股市。

案例二：A-Mao 的建議沒錯。阿毛的丈母娘的房子也全付清了。沒有 Leverage，中國的房子長期漲幅應該和 GDP 一樣。即使是上海，房產也不如股票。

案例三：helloagain 老兄，三藩市 30 年的例子。房子漲價，10 年以後，房價漲一倍，leverage 消失。後面 20 年自然不如股票。

案例四，自己的例子。前期的高回報是因為 leverage。四年前買的房子隨著房子的漲價，已經快沒了。長期來看，回報會逐年降低。正確的做法是賣掉，或 refinance，保持 leverage。

這就是為什麼我說房產對很多人而言不如股票的道理。投資地產，要不斷地舉債，不停地貸款，很多人沒有自己想像的勤快。中國人有無債一身輕的習慣。這恰恰犯了投資地產的大忌。大多數人，任房價上漲，leverage 的消失，無所作為。少數人，像這裡的小小石頭，Va-Landlorad，jy101，不斷地貸款，保持 Target leverage，最終成為大地主。

還是那句老話，勤快人投資地產，懶人投資股票。投資股票要真正的懶人。投資地產需要真正的勤快人。征服世界前，先要瞭解自己。

看官會問，Leverage 是雙刃劍。關於這把雙刃劍，請聽下回細細分解。

02 房租是用來滾雪球的

勤快人投資理財法，除了自己要勤快。對於很多人來說，最難的地方就是你需要找到一個每年房價上漲 5%~8%之間的地區。這樣的地區其實並不難以找到。前面我說過一個地區土地的價格基本等同于名義 GDP 價格的上漲。因為地只有那麼多地，所以隨著 GDP 的上漲，單位土地的價格也就會按照同樣比例上漲。

這點生活在中國的人會有清晰的感受。因為美國 GDP 的增長比例沒有那麼高，所以人們對土地升值感覺並不明顯。而在中國經歷了快速增長，所以人們能夠清晰地感到土地增值帶來的好處。比如在中國的浦東新區，在改革開放之初以及浦東開放之後。很多人在浦東建廠經營。這些在浦東經營自己企業的人，過了 30 年之後基本上分兩類。一類是賺了很多錢的，一類是什麼錢也沒有賺到的。

這時你就會好奇，同樣是經營，比如一個紡織廠，為什麼有的人發了財掙了很多錢，有人卻辛辛苦苦忙了三十年，什麼錢也沒有掙到呢。他們的區別就是有的人租用了別人的工廠，有的人購買土地建了自己的工廠。

其實經營傳統行業的人很少從行業本身能夠掙到大錢，因為市場充分競爭。即使掙到了一點錢，大部分又投入擴大再生產去了。有些人掙到的一點小錢，趕緊找銀行按揭貸款購買了廠房。有些人就是不敢邁出這一步，有點錢忙著買設備搞擴大再生產，結果是公司有一天沒一天的慘澹混著，常年租房。

三十幾年過去了，很多行業完全從上海被淘汰了出去。因為隨著勞動力價格的上漲，土地價格的上漲，這個行業已經變得完全不掙錢。但是那些擁有廠房的人，他們一拆遷就發了財。那些租賃廠房的人企業關閉了，企業主只能欠著一屁股債，東躲西藏的。

在上海張江高科技園區也是一樣的。最早進入園區的幾個生物公司，購買了大量的廠房、辦公樓和實驗室。隨著土地價格的上漲，現在他們只需要把自己的辦公樓和實驗室租給後面來的生物公司，他們就可以掙錢了。所以公司經營做什麼不要緊，關鍵的是利用公司經營這件事獲得土地。

勤快人投資法也是一樣的，房租的收入並不是你真的需要賺取的收入。房地產投資的人不要本末倒置。房租的收入只是用來支付貸款的利息，你並不需要把貸款還清。事實上也沒有人傻到節衣縮食地把貸款還清。房租和貸款只是你做房地產投資的手段。甚至房屋本身都不是你要的，房子只是工具和手段。因為房屋的設計會過時，房屋的裝修過些年會變得破舊。

你真正的目的是獲得房子下面的那個土地。房客、房租、房產稅、保險、房貸、利息、維修、通馬桶這些都只是讓你持續玩房地產這個遊戲中的一部分。

03 哪裡土地升值最快

在全球化的今天，特別是在我們能夠到世界的各個角落自由走動的今天，找到持續上漲 5%~8%回報率的房子並不是很難。前面我說過，韓國人找到了北京的望京，臺灣人找到了上海的古北。其實，你只需要跟著地區走，選擇 GDP 快速增長的地區。比如灣區的幾個城市，GDP 的增長一直處在 8%的水準上。

另外一種就是跟著重大的基礎設施的建設走。跟著重大基礎設施建設，這一點在中國尤其重要。沒有哪個國家，像中國在過去 20 年裡，基礎設施建設獲得這樣大的飛速發展。

上海從只有一根地鐵線到世界上最長的地鐵線路的城市，只用了 20 年的時間。每興建一個地鐵線，在規劃公佈出來的時候，你就購入這個地鐵站附近的房子就好了。地鐵還沒有蓋出來之前，這裡的房價不會一步上漲到位，因為租金還沒有漲上去。

等地鐵站建好了，租金上漲就會推動房價的上漲。這個時候你房子漲價了，你就把錢從銀行裡貸款出來，再去買下一個地鐵周圍的房地產就好了。我是在 2008 年前後看明白了這個道理。我專門寫了一篇文章，叫作"投資上海主軸線"。在我的"普通人家十年一千萬理財計畫"的第七年總結裡，又再次明確了這個投資方法的操作模式。

投資上海的主軸線 (2010 年 1 月 13 日)

by Bayfamily

網上鋪天蓋地的都是中國房地產是否有泡沫的帖子。大家一夜之間都成了宏觀經濟的專家。無論是小市民還是專門靠講評書吃飯的。泡沫的討論本來是娛樂性大於科學性的。什麼人的話，都不要太當真。別忘了，當年的格林斯潘，2004 反復講，看不出美國是否有房地產泡沫。你想想，美國的統計資料這麼好，連他老人家在房產泡沫幾乎最高峰的時候都渾然不知。其他人的話，基本都是在蒙。

本文是工程師看的帖子，就是所謂的技術帖。分析一下，如果你買房子，如果是投資買房子，在上海，你應該買哪個地段的，哪裡的升值空間最大，哪裡最能夠抗擊風險。投資這個事情，要動態看問題。千萬不能老眼光。君不見，今天的新聞，GM 中國汽車的銷量超過了美國的銷量，可僅僅在 2004 年，中國的銷量只有美國的 1/10。當時不知道福特、克萊斯勒這些廠商都是怎麼想的，投資嘛，戰略重要。看地段更是。

先給大家看張圖。這是 10 年後的上海。大家看了之後，什麼感覺？無論是老上海，還是從來沒有去過上海的，首先第一感覺一定是震驚。今年上海軌道交通世界排名第四。10 年後，上海軌道交通的總里程會超過紐約和倫敦，成為世界第一。密密麻麻的地鐵網。到底投資在哪裡好？買哪裡的房子最保值？

　　首先談地段。地段不是一成不變的。100 年前的人民廣場是很荒涼的地方，20 年前的浦東陸家嘴是沒人要的地方。2008 年你在臨港弄塊地，現在就發了。如果你今天還是墨守成規，只認識淮海路、外灘，就會喪失更有潛力的地段和新的活力中心。

　　投資房子，特別是用來出租的房子，我們只關心兩個因素，一個是租金多少、是否穩定，一個是升值空間。8 年前，我認識一個在復旦大學周圍收購老公房出租給大學生的。當時他已經買了十套，被我很不齒地嘲笑一番，覺得他不務正業。現在看看，他選的區很對。那裡既有穩定的租房市場，又有新人口的湧入。

　　租金的多少和交通的便利和是否有新的人口進入這個區域直接相關。在這點上，傳統的浦西社區遠遠趕不上浦東和西面的新興區域。交通的便利，未來上海一定是以軌道交通為主的。外環線以內，基本交通工具只能是軌道交通，開車是不現實的。內環和中環的價格區別會被打破。但是離地鐵站 100 米還是 800 米，會有很大差價。尤其是對於租客來說。

　　軌道交通未來的主軸線一定是二號線。未來城市的發展，都和這條線路息息相關。好比是人的脊椎，其他線路是這條線路的輔助。為什麼這麼說呢？二號線的東西是新的大虹橋區和浦東新區，東西的末端分別是浦東機場和新建的虹橋樞紐。虹橋樞紐是未來上海連結周邊城市的中心。在浦西這邊是金融、貿易密集的南京路、人民廣場，在浦東這邊是陸家嘴和市政府，和迪士尼。百貨公司前五名，有四家集中在這條線路上。張江是新上海人的集聚地，南京西路和陸家嘴集中著金融業的金領和白領。這個軸線上中山公園之類的副中心，就不提了。

　　如果我要投資，一定是要在這個最重要的軸線上。曾經輝煌過的一號線，和它最先帶動起來的莘莊和城市的西南地區，漸漸會落伍。淮海路，只會是過去遺老遺少的夢想所在。一不會有新的就業，二不會有新的人口湧入。

　　不是說其他地段沒有機會。上海很大，城市基本是按照攤大餅在向外輻射，機會也很多。比如每個地鐵交匯的地方，都是很好的機會。但是如果從大的區域來分析，這條線路是最好的。畢竟作為小的投資人，最多也就買幾套房子。

這條線上最西段（大虹橋，華漕）和最東段（川沙），曾經是在人們心目中很遙遠的地方，價格也偏低，但是也是 2009 價格增長最快的地方。如果 2010 房市出現回檔，也應該是下跌最多的地方之一。投資機會很多，二號線通過中心城區的地方，集中的密密麻麻的很多老房子和沒有社區的單體公寓樓。租金堅挺，很多新白領在這條線路上找不到房子租。這些都會成為未來投資的首選地段。

美國沒有經歷這麼多的基礎設施建設。但是就我熟悉的灣區而言，還是有一些變化的。灣區城市最大的變化就是 gentrification（士紳化）。

這裡我不想介入種族和社會公平方面的討論。一個投資人切記你只是一個投資人，並不是一個政治家。我們需要做的是觀察社會未來的變化，然後根據這個變化作出正確的投資策略。改變社會是其他人的使命。如果你實在喜歡改變社會，那就還是先站穩腳跟，先賺點錢再說後面的宏偉藍圖。Gentrification 這個變化是否合理，是否公平，以及是否反映正確的社會發展方向，這是政治家要做的事情。我們小老百姓無法改變這些。

Gentrification 現在發生在 San Jose（聖荷西）、Oakland（奧克蘭），以及三藩市的一些社區裡。這些社區本來是一些低收入人群為主的社區，比較破爛。但是隨著一些比較好的社區房價增長到一定的程度，人們受不了高昂的房價，就會搬到這些低收入社區來。這些社區中產階級比例增加，安全和衛生條件就會改善，然後會加速吸引更多的人搬到這些社區裡，實現 Gentrification。

Oakland 在 100 年前本來是個白人城市，後來隨著非裔的湧入，白人中產階級漸漸搬出。80 年代最高峰的時候，Oakland 幾乎一半是非裔人口。最近這些年隨著三藩市的房價高漲，越來越多的中產階級白人被迫搬到 Oakland，導致該城市非裔人口持續下降。一旦某個社區白人中產階級人口達到一定比例，大家就會感到安全，會吸引更多的中產階級的湧入和非裔的遷出。這個基本上就是 Gentrification 的過程。

所以當你觀察到一些社區開始有跡象發生 Gentrification 的時候。你就應該考慮買入這裡的房子。比如對於 Oakland 來說，West oakland 的房價遠遠低於一站地鐵之隔的三藩市，也是 Gentrification 變化最激烈的地方。當一些看上去蠻體面的中產階級出現在 West oakland 的時候，你就應該果斷拋棄對傳統黑人社區的偏見，到這裡購房。

一個地區的業態、一個城市房價、一個社區的人口不是永恆不變的。這個世界上永恆不變的只有永恆不變這一現象本身。

一個社區對另外一個社區的房價最終都會產生影響。不可能一個社區的房價一路狂飆，而緊鄰著的另外一個社區常年價格不動。一個社區房價對相鄰社區房價的影響我總結下來叫作 real estate infiltrating（不動產滲透）。就是一個社區的價格上漲了，最終會讓這個社區的低端人口選擇遷出。而他們遷出的首選是附近的相對便宜的社區。

Infiltrating（滲透）的物理過程是這個樣子的。由於某種原因出現了一個較富裕的人群，比如一個公司的 IPO 上市了。較富裕的人群，購買這個昂貴社區的房子，會引起房價的上升。房價上升了，這個昂貴社區中端或者低端收入的人就會負擔不起，被迫遷出。遷出的人會到臨近的稍微便宜一些的社區，然後在這個社區製造同樣的現象。新的社區低端人口會進一步遷徙到更低端的社區去。這就是為什麼，高端的白人學區房漲價最終肯定也會帶動暴力叢生的非裔社區的房價上漲。

反過來的過程也是一樣的，當經濟衰退的時候首先受影響的是中低收入的人群。中低收入的人群會因為付不起房租或者付不起房屋貸款而不得不搬走。臨近相對富裕社區的低端人口，就會到這些比較便宜的社區來。富裕社區的人口流出就會減少這些地區住房的壓力，引起房租和房價下降。所以即使富裕社區的人沒有出現失業或者破產，沒有拍賣房屋的情況，富裕社區的房價也會下降。

會走路的錢

一個城市的所有的社區都是持續不斷地在這樣的變化中循環進行。你要做的就是判斷社區變化的規律來實現最大的獲利。

04 勤快人與懶人倒置是災難

前面我講了，股票投資是懶人應該做的事情。如果是一個勤快人去投資股票，大概率會演變成為一個災難。因為他很快就會變成賭場裡的賭徒。當然我這裡說的不是所有的人，因為畢竟有個別的人天生具有特別的稟賦。我不想一竿子打翻一船人，所以我這裡只是想說絕大多數兼職的普通投資者炒股都變成了災難。

賭場裡的賭徒都很勤快，他們不吃不喝，經常是通宵達旦地忙碌。可是最終一無所獲。如果反過來，一個懶人去做勤快人應該做的房地產投資會發生什麼呢？

也就是說如果一個懶人投資房地產會怎樣呢？以我的觀察多半的結果就是他還不如去投資股票。投資房地產最常見的問題就是有這麼幾個現象：

一、沒有實現滾雪球效應，躺在功勞簿上。長期的財富增長率只能維持在 3%~4%左右。2005 年，就像前面我說的，當年我搬入美國買入的第二個房子的時候，碰到那個要搬回北京的老太太跟我說的"買房投資不合算"的故事。

那個時候她正要搬走，當時她在我們的社區已經居住了 10 年。她拉著我的手跟我語重心長地說，在美國房地產投資不划算。因為刨去各種成本和開銷，她發現最後持有房子 10 年居然沒有掙到什麼錢。因為房價只漲了 50%，遠遠不如股市。

我寫了一篇文章來說明她的觀點。她說的都是對的，這些資料也都是真實的。最主要的是她把自住房和租房混為一談。另外她不是特別勤快，一切維修都要請他人。她沒有用杠杆。在她居住期間，沒有碰到房價的大起大落。她還沒有開始投資遊戲之前就退出了這個遊戲。

二、勤快人投資法，另外一個犯錯誤的現象就是勤快人太勤快了。整個投資的杠杆率過高，當出現大的經濟滑坡或者一個投資失誤的時候滿盤皆輸。

中國有句老話叫作"勝者為王"。2008 年金融危機來臨的時候，我也寫了一篇文章叫作"剩者為王"就是"剩"下的"剩"。房地產投資勝利成功的一個奧秘就是用時間和複利戰勝一切。這就需要你能夠堅持一直玩下去。

剩者為王 (2008 年 7 月 6 日)

by Bayfamily

先講一道投資的智力題。假設你到賭場玩輪盤賭，你長得很帥，發牌的小姐不幸看中了你，幫你在機器上出老千。你事先知道出現紅的概率是 60%，出黑的概率是 40%，永遠不會出 0 和 00。你手上有 100 元現金，你可以下任意大小的賭注（只要你有錢），假設這位小姐只當班半天，你只有 100 次下注的機會。怎樣下注才能夠賺到最多的錢？

趁著你想的功夫，我來講講當前的房地產投資。

常言道，勝者為王。在當前的經濟形勢下，現在是剩者為王。無論是美國還是中國，對於很多房地產的企業而言，根本不需要你在強者中勝出。你能在這次大的危機面前剩下來，就是王了。

中國在能源價格攀升，勞動力成本上揚，信貸緊縮的背景下。無論是沿海東莞式的民營企業，還是大的國企，日子都不會好過。房地產公司更是如此。房地產公司有的已經開始打腫臉充胖子，借高利貸以應付短缺的現金流。我知道的就有一家最近在借 5%的月利息，飲鴆止渴地過日子。大家前一陣子救災罵房地產商捐款太少，其實他們自己也窮得可憐，等著別人救濟呢。

大家關心房地產。中國的房地產公司，現在就是一個典型的剩者為王的格局。沒人再關心業績的成長，或者去成為新的地王。房地產老闆們現在腦子裡只有一個想法。現金，現金，上哪裡去弄更多的現金。銀行的信貸現在卡的很死，很多天價標來的地目前都只是付了一個定金。沒有銀行支持，漸漸地開始有人寧可損失定金地也不要了。

大的社會環境大家都明白，無論是中國還是美國，都是一個通貨膨脹抬頭的時代。通貨膨脹的時代，如何勝出呢？

先從理論上講，根據經典的房地產理論，除非是 Hyperinflation，在稍高的通貨膨脹時期，房價是新房跌，舊房持平或微漲。你可能會問，為什麼票子不值錢了，房子反而會跌。新房子會下跌，是因為銀行貸款的原因。在較高的通貨膨脹階段，銀行緊縮銀根，會引發房地產開發商的資金危機。房地產商會在因為資金的原因平倉出貨。舊房子會微漲，是因為房租上漲的原因。通貨膨脹，房租上揚，Cap Rate（租售比）上升，引發既有建築的價格上調，你去打開任何一本商學院房地產的教科書，都會告訴你這個現象。

實踐上如何呢？有的時候，我覺得中美的經濟也越來越同步。美國就不提了，大家都知道。中國的房子，特別是新建的房子價格現在開始下跌。即使在上海，週邊的房子在下跌，市中心的房子不知道能夠堅持到什麼時候。好像完全在重複美國的過程。在中國，手上房子多的，可以稍稍減倉，特別是沒有租金支持的房子。一旦跌起來，排山倒海的樣子會很壯觀。有租金的房子，用不著擔心，特別是針對普通老百姓的房租。上漲的房租會把房價推到一個新的水準。

沒有房子的，或者是要進一步投資的人，建議可以稍稍等候一陣子。未來的幾年裡面是個剩者為王的年代。作為普通的工薪階級的投資者，大多數都不會有現金流的問題，人人都會成為剩者，但要成為“王”，還是要動一番苦心。當然要想在這場盛宴中分一杯羹的話，就要看各位入市時機和投資規模的把握了。手上有現金的人，中美兩國都會有 dirty cheap(特別便宜)的 Asset（資產）等著你。

回到剛才的智力題，這是一個看似簡單的問題。但卻是每一個投資者都應該明白的道理，就是如何平衡投資回報和風險的關係。風險最高的方式是把 100 元一直壓在紅上面，100 變 200，繼續押 200 百在紅上面，200 百變 400 百，繼續押 400……這樣下去，一直到 100 次。你有 0.000000001%的可能性贏得一個天文數字的回報。當然實際的結果是可想而知的，估計你在第三次或第四次就出局，損失 100 元。

風險最小的辦法是每次押一元錢在紅上面，押一百次。你的回報是 20 元。風險雖然是零，可回報太小。白白浪費了千載難逢的好機會。

聰明的投資者會在兩者之間選擇一個平衡點。最好的平衡點是在最大可能的賭注情況下，保證自己能繼續玩下去，不浪費這 100 次機會。比如永遠只押全部手上的三分之一的現金。

房地產不是一個零和的遊戲。大膽投入的時候，要讓自己永遠能玩下去。不要打光自己籌碼。玩了一百次，還能剩下來，你就是王了。

長期投資就像火車運行一樣，保持高杠桿當然可以讓列車運行得更快一些。可是列車運行得過快，它的穩定性和抗打擊能力就會變差，一旦有風吹草動，資金鏈崩潰就會導致滿盤皆輸。

這一點在 2008 年經濟危機的時候表現得尤其明顯。我在美國 2002 年買的第一個房子的同一個社區裡，有一個中國人。他當時一下子買入了三個投資房。房價高漲的時候，他非常的開心。房價跌了 20%的時候，他就覺得壓力無比的沉重，每天惶惶不可終日。當房價跌到 50%的時候，他就只能清盤退出。

當時這個社區的房價，我買入的時候是 40 多萬。漲到最高點的時候曾經達到 73 萬。下跌的時候最低點曾經達到 26 萬。經濟危機結束牛市來臨的時候，房價又從 26 萬一路漲到 65 萬。

你可能會問，下跌的時候你不用理它，只要捂住樓盤不就完了嗎？事實上你是做不到的，這裡面有幾個原因。

主要是你自己的心理會發生變化。你會覺得這個時候如果把房子賣掉，我可以把銀行的貸款都還掉，然後可以用現金在更低的點買入一個房子。

事實上這麼幹的人不在少數，有一部分人採用了更為穩妥的方式：就是先買入一個新房子，再把自己的房子短售還給銀行。這樣至少他在市場上擁有的房子數量前後沒有變化。這樣做雖然不是很道德，但是從投資角度我們也無可非議，只是他們給自己留下了一個壞的信用紀錄。在後來很多年裡，他們沒有辦法持續投資。

我管這種行為叫作"占小便宜吃大虧"。人不能過於精明，過於精明，違背了基本的道德底線的做法，總是會被報復的。雖然說"人不為己天誅地滅"，但是特別損人利己的事情，即使合法，還是不要做為好。冥冥之中，一切因緣都環環相扣。

另外一點就是當房價下跌的時候，經濟危機來臨，市場低迷，你的租金收入也跟著下降。而與此同時，這個時候你的成本在上升。銀行多半會讓你交 second mortgage（第二按揭貸款）的保險。所以你手上的正現金流一下子都可能變成負現金流，原本可能勉強打平的就會出現負現金流。

負現金流對投資人的信心打擊很大，一開始兩個月可能你還滿不在乎。但是別忘了收入降低，不單是租金收入降低，你自己的收入也會降低。經濟危機的時候，你自己的工作也不見得穩定。過了一兩年就會想我為什麼要幹這樣的事情，為什麼每個月把辛辛苦苦掙的錢貼進去補貼房客。

有了這樣的心理，往往是信心動搖賣出房子的開始。在 2008 年的金融危機後，我看到很多明明能夠維持現金流，但是卻又決定賣出的例子。大部分時候是投資人自己的心態問題。

當你看到其他人新買入同樣的房子只有你當初買入房價的 60%，你的心態會迅速崩潰。比如，新購入房的房產稅比你要低很多。這個時候你就會覺得社會對你不公平，同樣兩個房子憑什麼我要比別人交更多的房產稅，不如我也把我的房子賣掉或者是退給銀行，然後拿更低的錢去買一個新房子，這樣豈不是我的房產稅更低了嗎？

思前想後你就會決定最終把房子賣出，然而當所有人都在最後一刻把房子賣出的時候，往往就是房市的最低點。而這個時候由於各種各樣的原因，導致你完全踏空房市，因為一個人不可能完美地踩准每個時間節點。

我認識的那個中國人基本上就是這樣，他三個房子在 2009 年到 2011 年之間分別清空全部賣出了。雖然他可能沒有什麼損失，但是後面我再也沒有見他進行房地產的投資。因此他也錯過了 2011 年到 2018 年美國灣區波瀾壯闊的牛市。

"剩者為王"的道理就是這個遊戲只要一直玩下去，最終你總是可以把雪球滾得很大。投資回報是 8%也好，10%也好，其實隨著時間的推移，最終都是可以滾得不錯的。10 年財務自由和 15 年財務自由又有多大分別呢？

三、勤快人投資法的第三種可能出現的失誤就是沒有正確地判斷市場時機。炒過股票的人都會有這樣的體會，就是不要試圖賺盡市場上的每一分錢。你永遠不可能在最高點拋出，也不可能在最低點全場買入。

房地產投資因為有一定的黏度，所以投資人可以比較好地判斷市場的時機。但是這個實際的判斷也是有一個重要的前提，你不可乙太貪婪。

我自己的感覺就是不要在下跌過程中買入住房。下跌過程中人們都希望自己能夠抄到底，但是這個底非常難以把握。形勢不明朗的時候，抄底的結果就是抓住了一把下落的刀。

2009 年的時候，房地產價格開始下落。下落最快的是前幾年暴漲得最凶的那些城市和地區。在投資理財論壇裡有幾個比較熟悉的網友，開始去拉斯維加斯買房。因為那個時候拉斯維加斯的房價已經比最高點跌去了將近30%。如果歷史有任何參照的話，跌去 30%已經是非常可觀的，在過去二十幾年裡幾乎都沒有發生過。

有一個網友在投資理財的論壇上和大家分享了她的心得體會。她說她買入之後把房子租給了一個開著名牌跑車，帶著大金鏈子的黑人兄弟。黑人兄弟笑呵呵的，每個月按時付給她房租。她則起早貪黑的修房子。黑人兄弟表面笑呵呵。她幹活苦著臉，內心卻笑呵呵，她覺得自己撿了個便宜。因為大家都笑呵呵，當時她就在網上自嘲一下，覺得真是不知道"誰是楊白勞，誰是黃世仁"。

事實最後的結果就是她做了楊白勞那個黑人兄弟做了黃世仁。因為那裡的房價後來又下跌，比最高點跌過了 50%。她沒有抄到底，而是抓住了下落的刀子。

總的來說，投資房地產並管理出租是一件辛苦的事情。至少在美國是這樣，在中國會好些。在美國，你需要不斷地修房子，招房客，鞍前馬後地伺候房子。最後結果僅僅也就是現金流基本打平。搞不好還倒貼進去。如果房價不漲，你就虧大發了。既然投資住房是辛苦的事情，晚買比早買可能要稍稍好一點。

買房最好的時機就是在房價從底部漲了一段之後。可能不用漲很多，漲一個 5%左右。等市場趨勢基本確立之後，你再進去購買。2009 年我在投資理財社群的名言就是"不漲不買"。房價一旦上漲就會連續漲很多很多年，通常一個週期有 5~10 年。所以如果你錯過了頭半年的上漲，這並不是什麼太大的事情，只要你後面抓住正確的市場方向就行。

還是那句反復重複的話，因為房地產市場的黏度很高，所以抄底要"不漲不買，漲了再買"。不像股票市場，在股票市場，如果你錯過了半年的牛市，也許你幾乎錯過了大半個的牛市。

05 正現金流

穩健投資房地產的第二個核心秘密就是維持正現金流。然而這往往是投資者永遠面臨的兩難困境。就是市場上沒有十全十美的房子。如果是在房價比較高的地方購買房子，比如紐約、三藩市、上海、北京，難免是負現金流。如果是中西部、德州或者土地不是那麼昂貴的地方買房子，房子雖然便宜，立刻就可以實現正現金流，但是房子增值緩慢。

這樣最後會導致兩種結果。第一是在房價比較貴的地區，因為很難實現正現金流，房價高，買入之後每個月還要貼很多錢進去，很難實現滾雪球的效應。所以房價比較貴的地區普通人很難成長為大的地主，除非他們是有一些特殊的歷史原因。

而在房價比較便宜的地區，雖然可以實現正現金流，但是房屋增值緩慢，需要很長的時間才能嘗到甜頭。但是這些地區的普通人是可以形成專業的地主。普通人只要一心一意地做好房地產的投資，比如在學校周圍投資比較好的現金流的房子，靠正現金流不斷滾動，那麼最終可以做得規模比較大。我在美國這麼多年看到的大地主多半是這類的。

在比較昂貴的大城市尋找正現金流的房子是不可能的，只有在動態過程中，在房租和房價的變化過程中，實現正現金流。為此我還寫了一篇博客文章，說明如何尋找正現金流的房子，這也是勤快人理財法的一項重要技能。

正現金流 - 房產投資的夢想 (2007 年 6 月 30 日)

by Bayfamily

房產投資的全部秘密就是金融杠杆，借雞生蛋，以租養房。如果做不到較高的金融杠杆，地產長期回報肯定不如股票好。不如買個 index（指數），坐享其成。

負現金流的項目，如同天天失血的病人一樣。月月都要割幾塊肉，來封住鱷魚的嘴。一時半會兒還挺得住，時間長了，多半會和秦可卿一樣一命嗚呼。也有人長年堅持流血苦戰，卻在升值來臨之前，來個壯士斷腕，一腳踩空，令人歎息。

所以說，正現金流是每個投資人的夢想。其程度，如同老鼠愛大米，老美愛打伊拉克，老中愛好學區一樣。都是愛你沒商量。

問題是怎樣才能做到正現金流。在有望升值的地方，比如灣區啦，上海啦，不可能存在正現金流的房子。因為，每天都有那麼多饑餓的眼睛盯著。撿到正現金流的房子，和看電影被章子怡愛上的概率一樣。覺得自己命好的，可以每個週末去 open house（房屋公開展示）撞撞大運。我覺得自己命相平平，還是省下時間來灌水好玩。

在靜態過程中，只有升值無望的地方，才可能有正現金流的房子。比如現在的 Buffalo（水牛城），大家把房產當作 fixed income（固定收益）來投資。對於相對 hot（熱）的地方，只有在動態中，才有可能找到正現金流的項目。美女是等不來的，要你主動去找。

先講個例子。

會走路的錢

我的一個朋友，從 70 年代在灣區開始投資房產，從他那裡，我受益良多。這也是我想堅持待在灣區的一個原因。其他地方，沒有那麼多不同背景的中國人。老美嘛，是從來不會和你談論他的經濟情況的。在灣區，消息相對靈通。

70 年代的時候，這位老兄也是 live paycheck by paycheck （月光族）。不知道動了那根筋，決定要告別看人臉色的日子，追求自由幸福的生活，開始投資地產。在那個年代，灣區房價比其他州要貴很多，同樣壓根沒有正現金流的項目，儘管當時的房價只有 6 萬美元左右。

70 年代中，美國有過能源危機引起的高通貨膨脹。Fed 為了抑制通貨膨脹，把貸款利率一路提到 20% 。這時候，他出手了，由於高昂的利率，銀行緊縮銀根，貸款很難。他當時是把所有的錢都掏出來，不但如此，他還向所有的親戚鄰居，還把所有的能借的錢都借來，才買了個房子。用他的話說，買完後，不但房子四壁空空，連買鍋的錢都沒了。

按當時的計算，這個房子絕對是個負現金流。當時，他之所以出手，是因為這個房子在大學附近，租金有保障。Recession （衰退）對他的威脅不大。而另一方面，他不認為高漲的通貨膨脹會長期持續，利率也會下來。

果不其然，他買的時候，利率是 21% 。但等到他要 close 的時候，利率已經降到 16% 了。一年以後，利率降到 14% 。同時，由於飛漲的物價和房租，一年以後他的房子就是正現金流了。由於他買的是個 duplex （雙拼），三年以後，他發現他不用付 mortgage 了。因為，出租那部分的房租可以支付所有的 mortgage.

這就是這位老兄的第一桶金。由於他沒有 mortgage 要付了，擺脫了 live paycheck by paycheck 的日子。可以拿出更多的工資收入來投資。以後的投資是一路順暢，越滾越大，直到現在和石頭的盤面差不多大。

但對於這個房子而言，直到今天，沒有任何一個時候是有正現金流的。可他在動態過程中把握機會，實現了正現金流。這是個利率下降過程中，mortgage payment 減少，動態尋找正現金流的例子。

再講個例子。2002 年，我在中國買第一個公寓的時候，市面上同樣的房子的房租是 4000 元的樣子，mortgage 的支付額是 6000 元。也是負現金流，不合算。但是，國內的收入增長的很快，高端房租在漲。等到房子交割的時候，房租已經漲到 6000 元。兩年以後，佈置上好的傢俱，房租漲到 8000 元，實現了正現金流。同樣，在這個過程中，也是沒有一刻，房子是有正現金流的。

其實，現金流的計算很簡單，像所有的商業活動一樣， revenue and cost（收益和成本）。主要就兩個因素。一個是 mortgage，一個是租金。拿鄧爺爺的話，這是由國際大氣候、國內小氣候決定的。

可以利用宏觀大氣候 來實現正現金流：

1）利率下滑，Interest payment（利息支出）下降。（我朋友的例子）

2）經濟好轉，通貨膨脹，租金上調。（谷米的建議）未來幾年很有可能。

也可以利用具體地區、房子的小氣候來實現現金流。

1）Upgrade（翻修）。比如小小石頭的第一桶金，買個破房子， upgrade 後，漲租金。

2）Duplex 是個好辦法。比如我這位朋友和東門慶 shnn88 買的不是 duplex，可策略相同。

3）Interest only mortgage （只付利息的按揭）。這個辦法灣區很流行。

4）加大首付，改變功能，變度假房 miat42 的建議。

5）Play with rent control （玩租控屋）。XX 的建議。

總結這麼多，天上掉餡餅的事情是很難遇到的。要投資房產的朋友，不要妄想會有靜態的好專案等著你。如果你覺得房價看漲，可以用以上手段在運動中做到正現金流。不過，運動的方向要搞對，要看清形勢，不要站錯隊。房價要是跌的話，正現金流可以讓你安心等待，等待下一個激動人心的時代的到來。

會走路的錢

房地產投資和股票投資一個顯著不同的地方就是房地產市場可以 timing（踩准市場機會），這在前面，我一再說明瞭。股票是無法 timing 的。股票市場價格反映了全部的已知資訊，所以只能用懶人投資法，採用定投的方法。

房地產市場可以用趨勢 timing。除了我上面說的趨勢辦法之外，還有一個重要的指標，就是房地產市場和股票的波動掛鉤在一起，

這樣的研究很多人已經做過了，明確表明了房地產和股票的相關性。房地產價格的變化，通常要比股票價格的變化晚上半年到一年左右。這個規律在中國、美國、日本、香港、歐洲都被屢次證明。當然也不是 100%的準確，只是大體有這樣一個規律。

股票價格上漲之後，早期投資人的收益增加了，他們會選擇落袋為安，掙到的錢最終是要改善生活的。所以這些錢最終會流入房地產市場，推高房價。不信你去看看華爾街的那些年終獎，最終都流到哪裡去了。很多華爾街工作的金融界人士年終獎金的夢想就是買個曼哈頓的公寓。

當股票市場價格下跌之後通常會引發經濟危機，錢包會縮水，失業率會上升，於是房地產市場也會跟著衰落。股票比實體經濟大約提前半年到一年左右，因為股票價格反映的是對未來的預期。房地產價格是實體經濟好壞之後的結果，所以房地產價格要滯後於實體經濟，因為人們有工作之後才會有錢去買房子，

2007 年的時候，中國股市大爆發，由於各種原因，資金迅速進入股市，一路推高股價到新高，這個時候投資理財論壇上很多人在討論是否要去中國購買股票。我寫了一篇文章，用股票和房地產的關係來解釋，此時不是買股票的最好時候，而是買房子最好的時候，

如何在中國股市大發橫財（2007 年 4 月 29 日）

by Bayfamily

中國股市屢創新高，滿倉的歡呼跳躍、空倉的望洋興嘆。股市的前景難以預測，即使是泡沫，也可能越吹越大，沒有人知道何時會破滅。市場已完全

失去理性，大家不關心公司的盈利，賭的是還有多少傻子願意沖進來玩擊鼓傳花的遊戲。

無論你做多、做空，同樣風險巨大，賺錢的多半是靠運氣，賠錢的是因為時運不濟。企業的總利潤比每年政府收的印花稅還少，市場完全是賭場，和在 Las Vegas（拉斯維加斯）押紅押黑沒什麼區別。

可如何利用這個賭場發財呢？我先給你講個故事。

這個故事可能很多人都聽過。歷史上，加州的第一個百萬富翁叫 Sam Brannan， 他是在 1848 年的 Gold Rush（淘金熱）中大發橫財的。他之所以成為百萬富翁不是因為挖到了金子，他根本就沒去挖金子。1848 年，當發現金礦的消息傳來，所有人往山裡去的時候，他連夜趕回三藩市，把所有五金商店的工具一掃而空。當三藩市的人一窩蜂去挖金子的時候，他靠賣五金工具發了。去挖金子的人，反而沒幾個發財的。

中國的股市，已經創造了二萬億人民幣的財富。市場不可能永遠這樣瘋狂下去。當一切平靜、盛宴結束的時候，上證指數，有可能穩定在三千點，也有可能是一萬點、還有可能回到一千點。這不重要，就像買 Sam Brannan 工具的人能不能挖到金子，對 Sam Brannan 而言，根本不重要。我只知道，將有上萬億人民幣的資產要從這個人手裡，轉到那個人手裡。有人是贏家、有人必是輸家。

誰是贏家、誰是輸家呢？歷史經驗告訴我們，有錢人是贏家，普通人是輸家，老手是贏家，新手是輸家。臺灣的歷史資料研究表明，大機構是贏家，小股民是輸家。在中國，滬深兩地的老股民是贏家、內地的新股民是輸家。

中國股市的日成交量達到三千億元。每月的印花稅、手續費達到 600 億，一年 7000 億。滬深兩地的證券公司、基金經理今年是大賺特賺。我估計最終財富轉移到這兩個城市的總量將在萬億元以上。這可能是中國歷史上，最大的一次財富大轉移。而這萬億人民幣最終回落入兩地的金融行業的從業人員和成功的個體投資者。

會走路的錢

如果你今年突然有了一千萬，你會怎麼辦？ 是繼續賭，掙下一個一千萬呢？ 還是保值為先，留著大頭再說呢？我覺得大多數人會選擇後者。在中國，如何保值呢？答案只有一個，房子。

所以我告訴你，滬深兩地的房子，特別是高端的房子一定會大漲特漲。萬億人民幣的財富，數千億的傭金，加上 5 倍的貸款 leverage，會把兩地高端的地產籌碼一掃而空。

股市只要再有幾個震盪，賺錢的老手們感到要落袋為安的時候，這筆錢就會立刻砸在地產市場上。證券公司、基金經理的分紅通常在明年初，那時，這筆錢也會結結實實地落在房市上。

今年年初，當美國房市一片蕭條的時候，紐約的樓市異軍突起。為什麼？ 華爾街分紅也。華爾街的大紅包，去年年中的時候就已十分明顯了，可房市卻等到他們分紅之後才開始漲。提前入市的人，是坐地等著收錢。

幾年前，當 Google 要上市的時候，報紙雜誌、主流媒體在不停爭論，到底應不應該 bid（投標），是 bid 80 美元，還是 120 美元的時候，有人就開始在 Cupertino 購房靜候了。因為無論上市結果如何，他們是最後的贏家！

今天中國的股市和所有這些盛宴一樣，你只需靜靜地等在食物鏈的末端，財富就會乖乖地鑽進你的口袋。

勤快人理財法基本的內容就是這些。勤快人適合房地產投資，而房地產投資需要做好以上的幾個注意事項。但是無論如何，任何人都是有惰性的。時間一長總是會懶散。怎樣才能一直保持一顆勤勞勇敢的心呢？這就是要想明白，自己為什麼要投資？

（上冊完）

www.ingramcontent.com/pod-product-compliance
Lightning Source LLC
Chambersburg PA
CBHW031930190326
41519CB00007B/478